AF220276

Einmaligkeiten

*»Für alle Menschen, die unseren Lebensraum Erde
wertschätzen, sich an Fauna und Flora erfreuen
und sich dafür einsetzen,
dass es noch für die Generationen nach uns so bleibt.«*

HARAD SCHNEIDER

Einmaligkeiten

Bibliografische Information der Deutschen Nationalbibliothek:
Die Deutsche Nationalbibliothek verzeichnet diese Publikation in der Deutschen
Nationalbibliografie; detaillierte bibliografische Daten sind im Internet über
dnb.dnb.de abrufbar.

© 2020 Harald Schneider
Alle Fotos sind vom Autor
Satz, Umschlaggestaltung, Herstellung und Verlag:
BoD – Books on Demand, Norderstedt

ISBN 978-3-7519-7402-8

Bedanken möchte ich mich bei Thomas Gentsch, der zum Gelingen dieses Buches beigetragen hat.

Inhalt

Einmaligkeiten

Es reicht ein Leben nicht aus, um die Schönheit unseres Planeten Erde zu erfassen. Jedes Lebewesen und jede Landschaft auf ihr ist einmalig. Einmalig sind auch alle Geschehnisse im Fluss der Zeit, nicht ein einziges Teilchen gleicht dem anderen. Die Vielfalt ist so gigantisch, dass sie unsere Vorstellungskraft sprengt.

Die Einmaligkeiten in diesem Buch sind konserviert für die Nachwelt, alles was geschrieben steht, ist längst Geschichte und wird sich genau so niemals wiederholen – weil alles in Bewegung ist, weil nichts bleibt wie es war.

Hoffen wir, dass natürliche Entwicklungen und Zyklen immer wieder stattfinden können, auch wenn es nie die gleichen sein werden, und hoffen wir, dass der Mensch in seiner Maßlosigkeit dem kein Ende setzt.

Eselsohren

Leute, die Eselsohren in Bücherseiten machen,
über diese Leute kann ich ganz und gar nicht lachen.
Denn auch mit Bändchen oder Lesezeichen
kann man einen Vermerk erreichen.
Die Blätter hätten dann keine Falten
und die Bücher zählten noch nicht zu den Alten.
Selbst den Esel tät es nicht erquicken,
würd man seine Ohren knicken.
Die Moral von diesem Gedicht:
Ohren und Bücherseiten knickt man nicht!

Respekt vor dem Leben

Alles und Jegliches beginnt immer wieder neu.

Das Leben ist vom Start bis zum Ziel eine großartige Entdeckungsreise und ein ständiger Lernprozess.

Möge uns die Gabe beschieden sein, Entscheidungen zu treffen, mit dem Vorhandenen gut umzugehen und es zu achten, Dinge zu akzeptieren, die einfach so sein müssen und unsere Zeit nicht zu verschwenden mit Unsinnigem und Nutzlosem.

Positives sollte uns beflügeln, Negatives uns zum Nachdenken und Handeln veranlassen.

Das sind wir unserem Gastgeber, unserer Erde mit seinen Bewohnern, schuldig.

Respekt ist angebracht und Dankbarkeit vor dieser Einmaligkeit und vor dem Leben; und für das Glück, welches wir erfahren können.

Ist das nicht wie ein großes Wunder?

Licht, Schöpfer des Lebens

»Und Gott sprach: Es werde Licht! Und es ward Licht. Und Gott sah, dass das Licht gut war. Da schied Gott das Licht von der Finsternis und nannte das Licht Tag und die Finsternis Nacht. Da ward aus Abend und Morgen der erste Tag«. Dies sind eine der ersten Worte aus der Bibel. Sie stehen im ersten Buch Mose. Licht ist der sichtbare Bereich der von der Sonne und anderen Gestirnen ausgehenden elektromagnetischen Strahlung – so steht es in der Brockhaus – Enzyklopädie. Egal, wo das Licht herkommt, für mich ist Licht mit all seinen Facetten und Nuancen das wunderbarste und einzigartigste Geschenk, das uns je gegeben wurde. Ohne Licht wäre nichts! Licht ist eine der großartigsten Zutaten, die dazu beigetragen haben, dass sich Milliarden von Lebewesen entwickeln konnten, die sich in unzähligen Farben und Formen dem Sehenden präsentieren und diesen Planeten schmücken. Licht ist Geburtshelfer, Lebensspender, Gestalter, Freudebringer und Heiler in einem. Danke für das Licht, dem Schöpfer des Lebens.

Nutze die Zeit

Tik-tak, tik-tak, so vergeht die Lebenszeit,
Jahreszeiten gleiten in die Vergangenheit.
Tik-tak, tik-tak genieß den Augenblick,
mit allen Sinnen gewinnen, das Glück.

Ging-gong, ging-gong, so klingt der Stundenschlag,
am Leben sich erfreuen, nichts beweisen, nutze den Tag.
Ging-gong, ging-gong, einmal ist Schluss,
die Jahre vergehen so flink,
weil's so ist, weil's muss, dann schließt sich der Ring.

Ich wöllte, dass es mir gelinge,
öfter auch Zeit zu haben für die kleinen Dinge.
Zum Bestaunen, zum Verweilen,
zum Genießen – nicht beeilen.

Leider steht die Zeit nie still,
da kann man machen was man will.
Doch den Moment kann ich erfassen
und ihn auf mich wirken lassen.

Was Weihnachtsbäume erzählen

Weihnachten war vorbei, das neue Jahr hatte schon begonnen. Für die ausgedienten Weihnachtsbäume hatte die Stadtverwaltung einen großen Container aufgestellt. Nach und nach kamen die Leute und warfen ihre ausgedienten Exemplare dort hinein. Nachts, wenn es ringsum still war, kam es vor, dass einige Bäume ihre Erlebnisse aus den Wohnstuben ihrer Besitzer erzählten.

Ganz am Rand des stählernen Behälters lag eine große Nordmanntanne. Sie war noch mit Lametta behängt, und sogar einige Strohsterne schaukelten noch unruhig im kalten Nachtwind. »Ich«, erzählte die Tanne, »stand groß und bunt geschmückt in der Wohnstube in einer alten Villa gleich am Marktplatz. Meine gläserne Spitze mit goldenem Stern reichte bis an die Zimmerdecke. Um mich herum lagen die vielen Geschenke der Familie. Und abends, wenn es draußen dunkel wurde, beleuchteten unzählige kleine LED-Lämpchen meinen Körper.

Wie glitzerte und funkelte ich jetzt mit all dem Zierrat in meinen Zweigen. Doch keiner betrachtete mich so recht, keiner spielte mit meinen Glöckchen, keiner vergriff sich an meinem Zuckerbehang. Ich war nur eine Art Fernsehbeleuchtung oder beschien die Kinder, wenn sie sich mit ihren Smartphones oder Tablets beschäftigten. Selbst beim Abendessen würdigte man mich keines Blickes. Ich kam mir vor wie ein notwendiges Übel, das traditionsgemäß eben dastehen musste. Wenigstens bekam ich jeden Tag Besuch vom kleinen Familienhund, der mich immer ausgiebig beschnupperte. Und glaubt mir Brüder, acht Tage nach Weihnachten, als die ersten Nadeln fielen, war alles vorbei. Ich war der erste, der hier in diesem Eisensarg landete«.

Da meldete sich ein zweiter Baum zu Wort – es war eine zierliche Fichte: »Ich, stand in einer kleinen Mietwohnung nahe dem Bahnhof bei einem alten Ehepaar auf einem Holztischchen. Sorgfältig waren silberne Glaskugeln und selbstgebastelte Strohsterne an mir aufgehängt und an den stabilsten Astteilen klemmten echte Baumkerzen. Der Christbaumständer, in dem ich befestigt war, wurde täglich mit Wasser befüllt. Abends, wenn das Ehepaar in die Stube kam, zündete der Mann die Kerzen an, und die beiden betrachteten mich lange ohne vorerst miteinander zu sprechen. Dann erzählten sie sich von vergangenen Zeiten und von ihren Kindern. Die Frau nahm ein Buch aus dem Regal und las daraus etwas vor. Wenn die Kerzen abgebrannt waren, ging man zu Bett.

An den Weihnachtsfeiertagen wurden sie von den Kindern, Enkeln und den Freunden besucht. Alle sahen mich freudestrahlend an und lobten mein prächtiges Kleid. Es wurde gegessen und getrunken, erzählt, gesungen und gelacht. Auch mein Lieblingslied »O Tannenbaum« war mit dabei. Sogar an der Silvesterfeier durfte ich teilnehmen, weil ich immer noch frisch und duftend dastand«.

»Du hattest es ja gut«, sagte nebenan eine struppige Kiefer – »da kann ich was ganz anderes erzählen. Am späten Nachmittag, einen Tag vor Heiligabend, es wurde schon dämmrig, entfernte man mich unsanft mit einem Beil aus der Obhut meiner Geschwister. Der Dieb schob mich in sein klappriges Auto und fuhr dann zu seinem Haus am Stadtrand. Ich wurde in einen Ständer gezwängt und in die Ecke eines kleinen Raumes gestellt. Die Frau des Hauses hängte lieblos einige uralte, matte Glaskugeln an meine Zweige und bewarf mich büschelweise mit Billiglametta und Glitzerwatte, so dass von meinen grünen Nadeln kaum noch was zu sehen war. Die Mühe, Kerzen oder eine Lichterkette an mir zu befestigen, machte sie sich erst gar nicht. Durch eine geöffnete Schiebetür konnte ich beobachten, wie sich im Nebenraum am Weihnachtsabend die Familie, bestehend aus sechs Erwachsenen und vier Kindern an einen großen Tisch setzte und auf den Weihnachtsmann wartete. Es dauerte auch gar nicht lange, dass dieser mit lautem Geklimper und Gepolter erschien. Ohne viel Gewese wurden ruck zuck die Geschenke verteilt und dann ging's zu wie im »Wilden Westen«. Die Kinder jagten durch die Zimmer, die Erwachsenen ließen die Gläser klingen und im Ofen verbrannte die Gans. Mit Pistolen und Gewehren wurde auf meine Glaskugeln geschossen, und als dann die ersten Äste brachen, dachte ich, dass ich den Abend nicht überlebe. Aber, oh Wunder, ich überstand mehr als eine Woche. Dann landete ich samt Watte und Lametta, so zerrupft wie ihr mich hier seht, in diesem Container. Keinen Tag länger hätte ich es ausgehalten«.

»Und du«, eine stämmige, etwas krumme Blaufichte, die noch ein unversehrtes Nadelkleid vorzuweisen hatte und dennoch traurig wirkte, wurde angesprochen. »Was hast du denn erlebt?« »Ach«, antwortete sie traurig: »Ich stand in einer kleinen Dorfkirche in der Nähe der Stadt. Aus dem Garten einer netten Familie wurde ich dahin gebracht. Liebevoll wurde ich mit vielen verschiedenartigen Strohsternen und elektrischen Baumkerzen behangen und sah trotz der kleinen Krümmung wunderschön aus«. »Da könntest du doch glücklich sein«, raunten die anderen Bäume. »Ja, das war ich auch am Heiligabend. So viele Menschen waren da in der Kirche und haben mich wohlwollend und ausgiebig betrachtet. Neben mir wurde musiziert und gesungen, Kinder hüpften beim Krippenspiel um mich herum – alles war so feierlich«. »O wie schön«, sprachen die Bäume wieder. »Ja, aber als die Christvesper vorbei war, wurde das Licht gelöscht und ich stand tagelang im kalten Raum ohne dass etwas geschah. Keiner von den vielen Menschen wollte mich mehr sehen, nur eine arme Kirchenmaus besuchte mich ab und zu, um an meinem Stamm zu knabbern. Dabei hatte ich so gehofft, dass man mich bis zum neuen Jahr wenigstens noch einmal sehen wollte«.

Da wurden alle Weihnachtsbäume im Container ganz still, und da sich im gleichen Augenblick auch die Straßenbeleuchtung abschaltete, meldete sich auch keiner mehr zu

Wort. Die Nacht senkte sich über die Stadt und der erste Schnee dieses Winters rieselte leise auf Dächer und Straßen, auf Bäume und Sträucher und versetzte alles in einen tiefen Schlaf.

Schneezeit

Weiße Flocken taumeln vom Himmel, endlich richtiger Winter. Frostige Nächte schon Tage vorher ließen es erahnen – jetzt hat er uns im Griff. Die Schneezeit mit ihrer Glitzerpracht – nun ist sie wirklich da. Das ist schön und auch gut so, denn sie gehört doch in unseren Breiten einfach in diesen Jahresabschnitt. Alles im Leben, im Sein, hat seine Zeit – mal ist es eine gute, mal eine schlechte, das ist die Bestimmung. Für mich ist die Schneezeit, die alles so weiß und sauber erscheinen lässt, eine gute Zeit. Sie weckt Fantasien, Ideen und Aktivitäten. Wege beräumen, Futter ins Vogelhaus streuen, Wintersport betreiben oder einfach nur raus ins Freie, die Winterlandschaft genießen und sich freuen. Diese Jahreszeit, der Glitzerschnee, die klare Frostluft – das hat doch was!

Das Jahr

Das Jahr beginnt mit Sturmgebraus,
noch kurz sind seine Tage,
die Natur sieht noch recht farblos aus,
das ändert sich, gar keine Frage.

Bald schaut die Sonne öfter vor
am frühlingshaften Himmel,
beschwingt singt schon der Vogelchor,
manch Glocke macht Gebimmel.

Ein farbenfroher Teppich schmückt
die Erde rings umher,
Mensch und Tier sind ganz verzückt,
erfreuen sich am Blütenmeer.

Kein Schornstein braucht jetzt mehr zu qualmen,
Heu duftet auf der Wiese,
Getreide reift an langen Halmen,
aus dem Zwerglein wurd ein Riese.

Schon fallen Äpfel von den Zweigen,
manch Kürbis ist nun dick und rund,
die Mücken tanzen letzte Reigen,
bald sind alle Blätter bunt.

Erster Frost sät Eiskristalle,
das Jahr, es geht zu Ende,
in die Häuser zieht's nun alle,
von schwerer Arbeit ruhn die Hände.

Kälte zieht durch Stadt und Land,
zwickt Nasen und die Ohren,
am Kranz sind Kerzen angebrannt,
im Ofenrohr die Äpfel schmoren.

Weihnachtsruhe prägt die Tage,
der Wandkalender ist ganz dünn,
und ich hör mich zu dir sagen,
wo ist die ganze Zeit nur hin.

Im Wandel der Zeit

Nach dem Ende kommt der Anfang, nach dem Winter der Frühling. Dass dies so ist, ist gut. Alles im Universum ist in Bewegung, alles läuft in geregelten Bahnen, liegt einem bestimmten System zugrunde. So dreht sich auch die Erde kontinuierlich um die Sonne, und im Gleichmaß der Zeit vollziehen sich die Geschehnisse. Um- und Verwandlungen finden statt, Leben gedeiht, Leben vergeht. Wir Menschen sind ein Teil vom großen Ganzen, wenn auch nur ein ganz, ganz winziges – dürfen dies erleben mit allen Sinnen und Gefühlen. Es ist ein Wunder, dass dies möglich ist – tausendmal Dank dafür!

Die Abläufe vollziehen sich auch ohne unser Dazutun. Um zu leben, um zu überleben, muss sich der Mensch nur anpassen, die Naturgesetze beachten und friedlich miteinander umgehen – sein Verhalten birgt die Chance, sich ein Leben lang vom Wandel der Zeit beglücken zu lassen.

Manchmal ist das einfacher als gedacht!

Frühlingswinter

Februar 2020. Noch einstellig ist das Kalenderblatt an diesem Sonnabend Morgen. Als ich aus dem Fenster sehe, blinzelt schon die Sonne durch die Baumwipfel des nahen Waldes. Die Schindeldächer der Nebengebäude sind mit Raureif belegt – wenigstens ein kleines Zeichen vom Winter. Allerdings stelle ich mir den Winter trotzdem anders vor. Bis auf ein paar wenige Nachtfröste war von ihm bisher noch nichts zu sehen. Nicht ein einziges Mal hat es geschneit. Die Tagestemperaturen sind oft frühlingshaft und nicht selten sogar zweistellig. Dass wir hier in der Niederlausitz in den letzten Jahrzehnten, bis auf wenige Ausnahmen, generell wenig Schnee hatten, ist schon fast normal. Der jetzige Winter dagegen ist ein Novum. Mittlerweile müsste man auch an den verschlafensten Orten der Welt den Klimawandel bemerkt haben. Es ist nicht mehr zu leugnen, das Wetter spielt verrückt.

Was Schnee betrifft, ist der ja sowieso nicht jedermanns Sache. Kommt er nicht, freuen sich hierzulande eine Menge Leute, erspart er ihnen doch eine Menge Ärger und Arbeit. Ich sage nur: »Autoland Deutschland«. Mir allerdings fehlt er, ich vermisse die Winter von früher, die verschneiten Landschaften, die klare Luft, das Skilaufen und die Gespräche beim Schneeschieben. In diesem Jahr sieht es mit dem Wintersport selbst in den Mittelgebirgen mau aus. Um die tägliche Dosis Bewegung abzubekommen, spazieren oder joggen wir eben durch eine unspektakuläre Landschaft. Zumindest duften noch die Nadelbäume, wenn sie nicht vertrocknet sind. Ihre ätherischen Ausdünstungen sind ja bewiesenermaßen auch gesund. Also raus in den Tag, an die frische Luft. Ich werde mich heute von der Februarsonne bescheinen und von den Vögeln unterhalten lassen. So ein Frühlingswinter hat, wenn man so will, eigentlich auch was.

Es tut sich was

Noch ruht das Leben eisgekühlt,
verborgen unter Schnee und Erde,
doch mit der Sonne keimt die Hoffnung,
dass es endlich wärmer werde.

Draußen in den Parks und Gärten,
stimmt sich ein die Vogelschar,
nun endet bald das lange Warten
und erste Farben zieren das Jahr.

Die Stimmung steigt, und frohgelaunt
zieht's uns in die Natur,
am Bach, da schmilzt das letzte Eis,
es tut sich was in Wald und Flur.

Leises Läuten

Schneeglöckchen, Weißröckchen wann wirst du erblühen,
wann wird mit dir in die Täler der Frühling einziehen?
Wann steckst du deine Blätter und Blüten durch den Schnee
und sagst mit leisem Läuten dem Winter ade?
Mit deinem Erscheinen ist die Hoffnung erwacht,
viele Blumen werden folgen, du hast den Anfang gemacht.

Wenn's wieder beginnt

Die Lerche hoch am Himmel singt,
im Tal fängt's an zu blühn,
nach langem Flug zum Neste hin
die Störche wieder ziehn.

Grün schmücken sich die Bäume nun
und lichtwärts drängen Spargelspitzen,
in Garten gibt's jetzt viel zu tun,
manchmal kommt man schon ins Schwitzen.

Der Frühling weckt die Lebensgeister,
es wird auch langsam Zeit,
tupf uns Farben in die Landschaft,
entfalte dich, es ist soweit.

Die kleinen Dinge des Glücks

Die Nachtigall besang die Frühlingsnacht,
der Himmel war sternenklar,
feuchte Kühle sank auf die Erde nieder,
benetzte dein offenes Haar.

Wir saßen still auf der Gartenbank,
lauschten den lieblichen Tönen
und ließen uns ganz kostenfrei
vom kleinen Sänger verwöhnen.

Das Glück liegt oft in kleinen Dingen,
ein wenig Zeit und frische Luft,
ein wenig Natur, ein paar gefällige Töne,
ein schöner Blick, ein zarter Duft.

Alles wird neu

Frühling ist's geworden, hier in unseren Gefilden,
und die Menschen haben wieder Lust auf dies und das,
farbig seh ich's sprießen, und wie sich erste Blättchen bilden,
ja, jetzt macht das Leben wieder Spaß.

Die Winterruhe ist vorüber, neu wird alles rings umher,
Herz und Augen werden weiter, laben sich am Tageslicht,
manche Last fällt von der Seele, die oft bedrückend war
und schwer,
das ist doch was Wunderbares, was Besseres gibt's doch
nicht.

Großes Theater ist der Frühling, mit allen drum und dran,
ein Segen auch für unsre Welt, dass es solche Wunder gibt,
aber nichts ist selbstverständlich, weil viel geschehen kann,
und weil nicht jeder Mensch diese Erde liebt.

Frühlingszeit, schönste Zeit

Wenn der Frühling Einzug hält
und schöner wird ringsum die Welt,
wenn's wieder wächst und sprießt,
der Mensch es wohl genießt,
wenn goldner wird das Licht,
Der und Die von Liebe spricht,
wenn sich erhöhen die Temperaturen
und es grünt in allen Fluren,
wenn die Vögel Hochzeit feiern,
man Sträucher schmückt mit bunten Eiern,
dann beginnt was Wunderbares,
die schönste Zeit des Jahres.

Mach mal Pause

Der Mensch braucht manchmal Müßiggang,
ein bisschen Langeweile,
soll auch mal leben in den Tag hinein
ohne Hast und Eile.

Manchmal soll er innehalten
oder einen Umweg gehen,
um große Dinge zu begreifen,
Platz zu schaffen für Ideen.

Manch schönen Moment soll er genießen
solange wie es geht,
einfach mal die Zeit vergessen
egal wo grad der Zeiger steht.

Faul zu sein ist für den Fleißigen
ein Stück vom großen Glück
und oftmals bringt das Nichtstun auch
Mut und Kraft zurück.

Arbeiten und Tun und Machen
kannst du lange noch genug,
vergesse nie die Pausen,
es gibt immer einen nächsten Zug.

Verlockungen

Hey Mädchen, riechst du den Frühling,
fühlst du ihn auch?
Spürst du schon Wärme und das Kribbeln im Bauch?
Hörst du die Vöglein in den Bäumen singen,
sie singen vor Glück,
und überall sprießt neues Leben, wächst alles,
Stück für Stück.
Komm du Schöne, komm mit mir, die Sonne lacht uns zu,
ich will nur die Eine, und die Eine, die bist du.
Schenk mir dein Herz, küss meinen Mund,
sei meine Liebste heut,
und lass all das geschehen, was uns die Seele erfreut.

Es riecht schon nach Mai

Bei einem Morgenspaziergang am vorletzten Apriltag durch den naheliegenden Wald hatte ich wieder diesen markanten Geruch in der Nase. Wahrscheinlich trug dazu der langersehnte Regen in der Nacht bei – es duftete, wie wir früher sagten, nach Mai. Die meisten der Sträucher und Laubbäume streckten schon ihre jungen Blätter in die Luft und reicherten sie mit ordentlich Sauerstoff an. Gleichzeitig begannen die Fliederbüsche zu blühen, der Raps auf den Feldern und der Löwenzahn auf den Wiesen. All das machte diesen besonderen Frühlingsgeruch wohl aus. So hatte ich ihn schon als Kind wahrgenommen. Und immer wieder zu dieser Jahreszeit werden Erinnerungen wach. Es war sozusagen der Startschuss in einen neuen Lebensabschnitt, einer Zeit mit neuer Qualität. Draußen, in der Natur, vollzog sich gerade ein Umbruch – die Tage werden länger und die Temperaturen steigen merklich. Das »große Grün«, eine Fülle von Düften und ein mildes, warmes Licht umschmeicheln die Sinne und steigern das Wohlbefinden. Heut morgen wurde mir dies erneut bewusst – es riecht schon nach Mai, etwas Neues beginnt!

Abenteuer Garten

Nachdem in der Corona-Pandemie ab März 2020 so gut wie nichts mehr ging – keine Reisen ins Ausland, nicht mal mehr in andere Bundesländer – erfüllte ich mir einen Kindheitstraum und baute in unserem zweitausend Quadratmeter großen, parkähnlichen Garten ein Baumhaus für alle Altersklassen. Ein Haus auf Stelzen, zwischen großen Bäumen, mitten in der Natur. Um mich herum zwitscherten die Vögel, die Obst- und anderen Laubbäume trieben bereits ihre ersten zarten Blättchen und Blüten. Der Monat März war fast zu Ende, als ich von weitem ein merkwürdiges Rufen hörte. Hub hub hub, so klang es über die Wiesen. Diese Laute hatte ich in unserem Dorf noch nie gehört, wusste aber, dass sie wahrscheinlich von einem Wiedehopf stammen könnten. Die Suche mit dem Fernglas brachte die Bestätigung. Es war tatsächlich der Lockruf dieses seltenen Vogels. Vielleicht nistet er ja in der Nähe, war meine Hoffnung. Der Bau des Baumhauses zog sich bis Anfang Mai hin, dann war es fertig. Knapp drei Meter über dem Erdboden, mit zwei Fenstern, einem Bett, Tisch, Stühlen, einer verschließbaren Tür und einer kleinen Terrasse. Sogar ein altes Landschaftsbild meiner Eltern fand noch einen Platz. Ich hatte gute Aussicht auf Feld, Wiesen, Nachbargärten und natürlich auf meinen kleinen Park. Ein letzter Blick noch aus dem Fenster vor dem Feierabend – da sah ich ihn sitzen, den Wiedehopf, ziemlich nah auf unserem alten Kirschbaum. Als ich ihn dann am nächsten Tag wieder sah, wie er diesmal Futter durch ein Astloch steckte, war mir klar, hier im hohlen Stamm wird sein Nachwuchs ausgebrütet. Von nun an war das Baumhaus mein täglicher Beobachtungsposten. Auch einige gute Bekannte vom Naturschutzbund lud ich zur Besichtigung ein, denn so ein Vogel ist auch für sie nicht alltäglich. Von meinem Beobachtungsplatz aus versuchte ich ab und an von der Fütterung ein Foto zu schießen, was sich aber wegen der Unregelmäßigkeit und der Schnelligkeit des Vorgangs als schwierig herausstellte. Dennoch sind einige zufriedenstellende Aufnahmen gelungen. Meine Achtung vor Tierfotografen ist nach dieser Aktion erheblich gestiegen. Die nächste Sensation in dieser Spätfrühlingszeit war die Entdeckung eines prächtigen Hirschkäfermännchens, welches sich in der Nähe meines Ateliers am Fuße einer Holzskulptur zur Nachtruhe niedergelassen hatte. Meine Frau dokumentierte dieses Ereignis gleich mit dem Smartphone und teilte es dem gesamten Bekanntenkreis mit. Einige Zeit später sah ich auf einer Eiche im Garten sogar ein Dutzend dieser Spezies, beiderlei Geschlechts, wie sie sich um die Fortpflanzung bemühten. Ich sah die Kämpfe um die Weibchen und um die Futterstellen, die sich als «Ausblutungen" an Stamm und Ästen befanden. Auch Hornissen, die wohl in der Nähe ein Nest hatten, schien der Saft zu schmecken, so dass es des Öfteren auch zu Streitigkeiten zwischen ihnen und den großen Käfern kam. Eine Zeit lang sah ich an mehreren

Tagen dem Treiben auf dem Baum zu. Wie auf einer Safari erlebte ich auf kleiner Fläche jeden Tag neue Abenteuer. Ich sah Grünspechte auf Ameisenjagd, Eichelhäher, die nach den letzten Eicheln des vergangenen Jahres stöberten, beobachtete Wildtauben bei der Partnerwerbung oder Amseln bei der Würmersuche unter Sträuchern und auf dem Komposthaufen. Auch ringsum auf Blumen, Gräsern, Ästen, Zweigen, Steinhaufen und am kleinen Gartenteich konnte man zusätzlich noch eine Vielzahl an Insekten, Schmetterlingen, Eidechsen, Lurchen und Kleinvögeln entdecken. Langeweile in der Corona-Zeit, trotz fehlender Sport- und Kulturveranstaltungen und trotz menschlicher Kontaktbeschränkungen, gab es also für Naturfreunde nicht. Vielleicht hat der eine oder andere Mitbürger in dieser Zeit auch völlig neue Einblicke in das Zusammenspiel von Mensch und Natur bekommen, sieht Dinge, die er früher übersehen hat oder von denen er gar nichts wusste, und vielleicht hat er etwas dazugelernt und verändert sein Verhalten entsprechend den neuen Erkenntnissen. Nicht nur der Garten, sondern die ganze Welt kann ein Abenteuer sein, wenn wir einfach nur beobachten, Glücksmomente einfangen, Dingen ihren natürlichen Lauf lassen und den Hochmut ablegen, uns überall einzumischen, weil wir es angeblich besser wissen. Und vielleicht hat diese Zeit die Menschen auch friedvoller gemacht, friedvoller gegenüber den Mitmenschen und der Natur, unserem Lebensraum.

Helmut

Ich lernte Helmut und seine Frau Elisabeth vor zirka fünfzehn Jahren kennen. Anlässlich des «Tages des Offenen Ateliers« im Land Brandenburg kamen sie auch zu mir, um sich meine künstlerischen Werke anzuschauen. Es war wunderschönes Wetter an diesem ersten Sonntag im Mai, und es waren reichlich Besucher gekommen. Meine Bilder und Holzskulpturen hatte ich im Atelier, im Hof und im Garten verteilt. Die Leute konnten sich hier zwischen blühenden Blumenbeeten, Sträuchern und Bäumen alles in Ruhe ansehen. Viele Fragen musste ich beantworten, und auch zwischen den Besuchern entwickelten sich interessante Gespräche. Besonders zur Kaffeezeit waren die Plätze im Hof gut besetzt. Zurückhaltend kam Helmut, der um einige Jahre älter war als ich, auf mich zu und drückte seine Begeisterung über meine Kunstwerke, vor allem aber über das Umfeld, also Hof und Garten, aus. Ihm gefielen besonders die alten Apfelbäume und das naturbelassene, parkähnliche Areal. Steinhaufen gab es da, Benjeshecken, einen Naturteich und jede Menge Nistmöglichkeiten für Singvögel. Ich merkte gleich, dass wir beide ähnlich tickten. Da die Zeit für ein intensives Gespräch am heutigen Tag viel zu kurz bemessen war, lud er mich spontan ein, auch sein Grundstück mal in Augenschein zu nehmen.
Da ich auch als Gästeführer tätig bin, hatte ich an einer

Infotafel am Atelier alle Termine meiner Wanderungen und Radtouren für das gesamte Jahr angeschlagen. Von da an war Helmut bei fast allen Aktionen dabei.

Bis zum nächsten Frühling sollte es aber dauern, bis meine Frau und ich endlich der Einladung zur Gartenbesichtigung nachkommen konnten. Was soll ich sagen, wir waren begeistert über Helmuts liebevoll gestaltetes Gartenreich.

Hof und Garten hatten zwar nur einen Bruchteil von der Größe meines Grundstücks, doch was es da alles zu sehen gab, war schon beeindruckend. Es grünte und blühte an allen Ecken und Kanten, ein wahres Feuerwerk von Farben. Hier konnte sich, wenn auch auf begrenzter Fläche, alles entfalten, ohne dass der Mensch, bis auf einige Schlängelwege und einen kleinen Teich, großartig eingriff. Unserem Lob entgegnete Helmut mit einem bescheidenen Lächeln. Er und ich, wir haben, so scheint es, die gleiche Einstellung zur Natur und Umwelt, und wahrscheinlich auch zum Leben. Die Gespräche zwischen uns sind nie langweilig. Übrigens, Helmut schreibt seit einigen Jahren auch Geschichten auf, die er bei gemeinsamen Treffen oder bei kleinen Buchlesungen zum Besten gibt. Ich habe den Verdacht, mein erstes Buch hat ihn dazu inspiriert. Mittlerweile hat Helmut die achtzig schon überschritten, ist nicht mehr so ein aktiver Fahrradfahrer, und wir sind schon lange per Du. Unser freundschaftliches Verhältnis hat bis heute Bestand.

Ich füge mal eine von Helmuts vielen kleinen Geschichten an:

Mäuse

Der Ziege und dem Schwein diente der Kleingaragenraum als befristete Unterkunft. Er entstand durch einen Anbau an unser Haus. Heute ist alles gekehrt, aber zu Haustierzeiten diente der Schrägdachboden darüber der Lagerung von Heu und Stroh. Überflüssiges Gerümpel gibt es hier nicht, aber Gegenstände, die genug Aufbewahrungsargumente hergeben, oder Dinge, die ich dann doch nicht wegschmeißen möchte. Ohne jegliche Chance treffen sie sich immer wieder da oben, Mäuse, die aber von dort aus niemals ins Wohnhaus gelangen können. Sie richten keinen Schaden an, aber den illegalen Aufenthalt möchte ich ihnen trotzdem nicht gewähren. Jahrzehnte sind vergangen und meine diversen Kündigungen überkrabbeln sie so einfach und so respektlos. Mit den verschiedenen Nagerfanggeräten habe ich inzwischen eine Verteidigungslinie aufgebaut. Diese besteht aus den genialen, hinterhältigen, listigen und heimtückischen Einfällen gewiefter Diplommäusefang- und Vernichtungsanlagenbauer. Wie aber kommen die Umtriebigen nach oben? Ganz einfach, gemeinsam mit dem Efeu, der an der Hauswand dort auch klettert. Die Fangvorrichtungen kontrolliere ich fast jeden Tag. Nach kalten Winternächten brauche ich die Leiter, über die ich ins Jagdgebiet komme, nicht. Auch Sonnenblumenkerne werden zugunsten ihres sicheren und warmen Verstecks von den grauen, braunen und dunklen Nagern nicht geschrotet. Nein, es sind keine Invasoren, die da in Scharen kommen, obwohl ich sie mit bestem Futter locke. Richtig Pech haben die Hungrigen, wenn sie in eine Soforttötungsguillotine gelangen. Ich schaue sie mir dann möglichst nicht so genau an und entsorge sie schnell – all diejenigen, die eigentlich die Grundlage für das Überleben vieler anderer Tierarten dieser Erde sind. Mir Belehrungen zu verkneifen, fällt mir schwer und ich predige etwa so: »Auch wenn ihr Hunger und Verfolgung endlich entkommen wollt, Asyl gibt es bei mir nicht. Versucht es doch mal bei Merkel!« Mehr Glück haben die Futtersucher, die sich in der Maschendrahtfalle befinden. Mit diesen Kreaturen leide ich sofort. Sie scheinen jegliche Scheu verloren zu haben, suchen pfötchenkratzend nach einem Ausweg, wollen mit den Vorderkratzern und dem spitzen Maul demolieren, was ihnen aber niemals gelingt. Samt ihrer Drahtbehausung nehme ich sie jetzt hoch und was ich jetzt zwischen Daumen und Zeigefinger halte, schaue ich mir genauer an. Wenn sie das endlos verlängerte Hinterteil nicht hätten, wären sie für mich makellos niedlich. Ich weiß aber auch, dass es dafür sicherlich statische Gründe gibt, denn die Evolution hat niemals etwas dem Zufall überlassen. Jetzt schaut sie mich an, die Braun- Gelb-Weiße. Ihr Fell ist dicht und absolut sauber. Ich kann sie nicht ignorieren, ihre großen Augen. Mit Nase und Mäulchen stubst sie jetzt an meine dick behandschuhten Finger. Bevor ich sie in die Freiheit trage, tupfe ich ihr mit Farbe einen kleinen weißen Punkt an den Rand ihres rechten Ohres. Während ich sie bis hinter das Wäldchen

trage, bettelt sie mich in ihrer drolligen Art immer noch
an. Wir hatten etwa einen hundert Meter langen gemein-
samen Weg. Nun öffne ich die Klappe der Falle, und sofort
springt sie in das hohe Grasgestrüpp, direkt und endlich
in die Freiheit. Schon ist sie verschwunden, für immer –
nein, denn ich sehe sie wieder am übernächsten Tag auf dem
gleichen Hausboden im selben Gefängnis sehr lebendig, so
wie wir uns schon kennen mit dem weißen Punkt am Ohr.
Heute braucht sie nicht lange buhlen, denn mein Herz hatte
sie längst auf ihrer Seite. Konsequent bleibe ich aber, denn
einem Bleiberecht stimme ich nie zu. Und wieder trage ich
sie aus dem Hofbereich, durch den Garten über das Brach-
land mit dem Wildwuchs bis hin an die Gleise der Bahnlinie
Berlin/Dresden. Dort bleibe ich stehen, öffne den Draht-
käfig und sie springt in das Gleisbett, überhuscht, klettert
und ist verschwunden. Das gegenüberliegende Fabrik-, Bau-,
Sand- und Steinegelände bietet ihr gute Überlebenschancen
und dazu liste ich auf: »Fuchsabhaltezaun, Gestrüpp, Gras,
hohe Kräuter, diverse Steinhaufenverstecke und wahrschein-
lich auch fressbare Frühstücksreste. Und sie kommt wieder,
die Weißpunktohrige, pünktlich am zweiten Tag ihrer Frei-
lassung. Gefangen in ihrem kleinen Käfig, trage ich sie bis
in die Nähe des Unterdorfrandes. Sie schaffte es wieder und
es war ja nur etwa ein Kilometer für sie zu laufen in zwei
Tagen. Die niedliche, kluge und tapfere klemmt diesmal in
der Todesfalle und ich bin traurig …

Vor dem Tagwerk

Bewegung ist gut für Mensch und Tier, und Bewegung in Wald, Park und Natur noch viel besser. Sie fördert nicht nur die Fitness, sondern auch die Gesundheit beider Gattungen. An diesem Spätfrühlingsmorgen hatte die Sonne den Tau noch nicht weggeleckt als wir schon in Richtung Waldsee unterwegs waren. Der Hund, mit seiner Nase ständig am Boden, erschnupperte die Informationen der anderen Tiere während meine, eher nach oben gerichtet, den Duft der Robinienblüten einsaugte. Keine zivilen Laute weit und breit, nur Vogelgezwitscher und das Knirschen des Sandes unter den Schuhsohlen war zu hören. Die Blumen an den Wegrändern öffneten bereits ihre Blüten, um Sonnenlicht zu tanken. Im milden Frühwind taumelten die jungen Triebe der Birken dem neuen Tag entgegen. Aus der Ferne schimmerte schon das türkiesgrüne Wasser durch die sich lichtenden Bäume. Am Ufer des Sees, der vor langer Zeit aus einem Tagebaurestloch entstanden ist, suche ich mir einen Platz, um etwas zu verweilen und dem Labrador die Gelegenheit zum Bade zu geben. Vor mir, dicht über dem Wasser, vollführen Libellen akrobatische Liebesspiele, hinter mir auf einer Trockenrasenfläche haben sich Grillen schon was zu erzählen und im Röhricht balzen die Schilfrohrsänger mit großer Ausdauer. Fast schon sommerliche Temperaturen haben zur Freude der Insekten Ginsterbüsche und Hundsrosen am Waldrand zum

Blühen gebracht. Auf dem sonnenbeschienenen Sandweg wärmt sich sogar schon eine Eidechse.

In nur kurzer Zeit habe ich so viele Entdeckungen gemacht, habe mich erfreut und erholt in freier Landschaft. Mensch und Hund kehren zufrieden nach Hause zurück und mit einem guten Gefühl kann das Tagwerk beginnen.

Das »geadelte« Nadelbäumchen

Dass Nadelbäume in der Advents- und Weihnachtszeit mit allerlei Zierrat geschmückt werden, ist hierzulande allgemein üblich. Sie stehen dann in Vorgärten, auf Plätzen und Märkten, und natürlich spätestens am Heiligabend in den Wohnstuben. Unüblich ist es jedoch, dass sich ein geschmückter Baum mitten im Wald befindet – und das schon jahrelang. Behängt mit bunten Kugeln, Herzen und glänzenden Ketten steht er tagein, tagaus an einem Wegrand. Es ist nicht etwa eine schmucke, gutgewachsene Fichte oder Tanne – nein, es ist ein verkrüppelt gewachsenes Kiefernbäumchen. Wahrscheinlich wurde es in seiner Kindheit mal von einem Reh verbissen, was danach einen geraden Wuchs unmöglich machte. Seine Artgenossen in der Schonung entwickelten sich dagegen weit besser und sind mittlerweile zu einem stattlichen Wald herangewachsen. Der Lebenswille der kleinen misshandelten Kiefer schien ungebrochen zu sein. Neben den Wunden wuchs im Laufe der Zeit ein anderer Ast zur Spitze heran. Die kleine »Krüppelkiefer« kämpfte ums Überleben und hatte es, zwar mächtig zurückgeblieben, schlussendlich doch geschafft. Einem Spaziergänger schien dies aufgefallen zu sein. Er belohnte den Lebenskampf, indem er sie mit schönem Weihnachtsschmuck behängte, so, als wäre sie mit Orden ausgezeichnet worden. Jetzt war sie plötzlich der »Star«. Nicht die anderen, die gerade gewachsenen, schönen Bäume, die ja alle gleich aussahen, waren es – nein der Kleinste, der Geringste war es, der allen anderen die Show stahl. Jedes Jahr kommen neue Schmuckstücke dazu, manchmal fehlen auch welche – vielleicht ausgetauscht, vielleicht gestohlen, vielleicht durch das Wetter zerstört. Nie aber ist unsere Kiefer seither schmucklos gewesen. Wahrscheinlich hat sie neue Freunde dazubekommen, von denen sie nun auch beschenkt wird. Die Geschichte, wie sie nun in diesem Büchlein steht, hat dieses Nadelbäumchen jetzt gewissermaßen »geadelt« – und das ist mein Geschenk für sie.

Ganz nah dran

Was wäre das Leben ohne Musik – für mich unvorstellbar! Natürlich muss man nicht jede Musikrichtung mögen, und es ist ganz normal, dass die Geschmäcker der Menschen verschieden sind.

Es spielt aber auch eine Rolle, ob ich Musik live oder nur aus der Konserve höre – also, ob ich nur höre oder auch sehe.

Dixieland zum Beispiel muss ich jedenfalls immer hautnah erleben, ganz nah dran sein an der Bühne, dann springt der Funke über, dann geht er ins Blut.

Die Virtuosität der Musiker, die Beherrschung der Instrumente, das ist einfach grandios. Jedes Jahr im Mai kann man dies in Dresden erleben.

In meinem Kalender ist dieser Termin auf jeden Fall fest eingeplant.

Musikerlebnisse sind Balsam für die Seele, sind ein fester Bestandteil in meinem Leben. Ich kann es nur weiterempfehlen.

Eine Stadt im Dixielandrhythmus

Es ist wieder Mai, und es ist wieder Dixielandfestival in Dresden. Das Wetter an diesem Sonnabend ist gut, kaum Wind und Temperaturen um die zwanzig Grad. Mit dem Motorrad, allein, bin ich diesmal hier – ohne Parkplatzprobleme. Im Zentrum der Landeshauptstadt tobt das Leben. Vom «Goldenen Reiter» bis zum Hauptbahnhof sind auf vielen kleinen Bühnen, vom Vormittag bis zum Abend, Bands aus aller Herren Länder zu Gange, um mit ihren Instrumenten, ihrer Musik das Publikum zu begeistern. Alles singt, alles wippt, alles klatscht – die Stimmung ist grandios. Auf Plätzen, etwas abseits, oder in Nebenstraßen sind oft auch Einzelkünstler zu erleben, die nicht weniger professionell agieren. Ich war schon auf dem Nachhauseweg, da sah ich ihn spielen, auf einem weißen Flügel, zwischen Hofkirche und dem Aufgang zur Brühlschen Terrasse. Michael aus Weißrussland interpretierte gefühlvoll Hits aus Pop und Klassik. Das ganze Gegenteil von Dixieland. Ich setzte mich auf eine Stufe des Denkmals von Friedrich August dem Gerechten und lauschte im Abendlicht den wundervollen Klängen. Es war Balsam für die Seele, nach diesem stimmungsvollen Tag; ein Zurruhekommen, und ein schöner Abschluss dieses Musiktages. Glücklich und zufrieden fuhr ich nach Hause – jetzt mit der Musik meines Motorrades.

Volltreffer

Es war an einem Sonnabend beim 46. Dixielandfestival 2016 in Dresden. Von zehn Uhr vormittags bis zum späten Abend musizierten an diesem Tag, an verschiedenen Orten im Zentrum der Stadt, Livebands vor begeistertem Publikum. Die Musiker kamen aus allen möglichen Ländern, und jede Gruppe heizte auf ihre Art ordentlich ein. Auch abends, auf der Brühlschen Terrasse, spielten die Akteure noch genau so lustvoll auf ihren Instrumenten wie andernorts. Wir schauten ihnen bewundernd zu, wippten im Takt der Musik und spendeten frenetischen Beifall. Nach dem Ende eines englischen Titels übersetzte einer der Musiker den Inhalt kurz ins Deutsche.

Die Worte: »Take your hands off her« beschrieb er mit: »Lass die Hände von ihr«. Just in diesem Moment flanierte ein Brautpaar mit Gefolge an der Band vorbei. Volltreffer! Die Worte aus den Lautsprechern waren nicht zu überhören. Unwillkürlich mussten ringsum alle Zuschauer nebst Band und Brautpaar herzlich lachen. Selbiges machte freundlich klar, dass sie nichts dergleichen tun werden, noch dazu am schönsten Tag ihres Lebens. Sie schlenderten fröhlich weiter und die Schleppe des Brautkleides fegte wieder das geschichtsträchtige Pflaster als wäre nichts gewesen. So kann das Leben spielen, so entstehen Erlebnisse. Mit ein paar Worten in wenigen Sekunden entsteht eine Erinnerung fürs

Leben. Auf Grund dieses Ereignisses können die Musiker nun zukünftig eine neue Anmoderation für diesen Titel formulieren. Die Brautleute werden sich noch lange an ihren Hochzeitstag mit Dixielandmusik und an diesen Augenblick erinnern. Und das Publikum, als Zeuge des Vorfalls, hat eine Geschichte mehr zum Weitererzählen.

Der Sonnenplatz

Es war Ende der neunzehnhundertfünfziger Jahre. Die Wälder um unser Dorf bestanden zum größten Teil aus Kiefern. Sie wuchsen gut und schnell, und brachten den Eigentümern zusätzliche Einkünfte. Nach dem Krieg wurde Holz gebraucht, so dass »reife Wälder« abgeholzt und gleich wieder aufgeforstet wurden. Wo im Frühsommer im Hochwald noch Blaubeeren gepflückt wurden, trieben ein Jahr später oftmals schon die neuen Kiefern-Setzlinge frisches Grün. Um diese Zeit, immer Sonntags, machten meine Eltern mit mir oft einen Waldspaziergang. Wir hatten immer das gleiche Ziel: Einen sonnigen Platz am Rande einer jungen Schonung. An diesem Platz, der sich auf einer Anhöhe befand, stand eine alte Kiefer, die als Samenbaum stehen gelassen wurde. Unter ihr befand sich eine Bank, welche zum Hinsetzen einlud. Belohnt wurden Spaziergänger dann mit einer herrlichen Aussicht in Richtung Süden auf Wiesen und Buschwerk, und bei Sonnenschein mit wohliger Wärme. Mein Vater bezeichnete diesen Ort immer als seinen »Sonnenfleck«. Manchmal konnte man, neben den verschiedensten Vögeln, auch Rehe und Hasen beobachten. Doch es waren wahrscheinlich Vaters Geschichten und Mutters Picknick, was mir an diesem Platz besonders gefiel. Als ich dann zur Schule ging, wurden die Besuche am Sonnenplatz seltener. Im Laufe der Jahre waren nicht nur ich, sondern auch die Schonung gewachsen. Den freien Blick in die Niederungen gab es nicht mehr. Heute, über sechzig Jahre später, ist aus der Schonung ein stolzer Wald geworden, dessen Bäume die alte Kiefer am »Sonnenfleck«, die mittlerweile abgestorben ist, schon überragen. Die Bank gibt es schon lange nicht mehr, und wenn es die Sonnenstrahlen doch noch mal schaffen sollten, durch die Baumkronen zu scheinen, beleuchten sie nur das graue Totholz, in das die Spechte ihre Höhlen gezimmert haben. Jetzt, im Jahre 2020, bietet sich dem Betrachter ein trauriger Anblick. Es wird wohl nicht mehr lange dauern, bis die ehemals »königliche« Kiefer zusammenbricht und letztlich wieder zu Waldboden zerfällt, der neuem Leben Nahrung geben wird. Vielleicht bin ich dann der letzte Zeuge dieser Geschichte. Und wenn ich sie nicht weitererzähle, wird kein Mensch vom Sonnenplatz im Wald erfahren, an dem ich als Kind so viele schöne Stunden verbracht habe. Doch auch heute gibt es noch solche Plätze – man muss sie nur suchen! Und vielleicht erlebt der eine oder andere Wanderer oder Spaziergänger dann auch Momente, die sich lohnen, weitererzählt zu werden, die dem Leben und der Natur ein Denkmal setzen.

Der herbe Duft von Schafgarbe

Wenn Anfang Juni die Wiesen blühen, war dies für die Bauern auf dem Lande das Signal für den Beginn der Heuernte. Großvater, welcher eine kleine Landwirtschaft mit etlichen Tieren in den Ställen betrieb, nahm uns Kinder dann immer mit zur Besichtigung seiner »Ländereien«. Er wollte prüfen, ob das Gras hoch genug gewachsen war, um es zu mähen. Während er das Terrain abschritt, pflückten wir für Mutti einen bunten Sommerstrauß mit Margariten, Butterblumen (Hahnenfuß), Klee, Glockenblumen, Kuckuckslichtnelken, Kornblumen und Schafgarbe. Wunderschön sahen die Sträuße aus, mit einem Duft nach wilder Natur. Ein Kräutlein jedoch stach mit seinem Duft hervor. Es war die Schafgarbe. Dieser intensive, herbe Geruch hat sich bei mir so eingeprägt, dass ich ihn nie vergessen werde. Auch noch wenn ich ihn heute rieche, sind die Erinnerungen an eine schöne Kindheit und an eine intakte Natur wieder da. Ich sehe noch die Männer frühmorgens mit hochgekrempelten Hemdsärmeln, ihre Sensen schwingend die großen Wiesen mähen. Ein paar Jahre später saß Großvater auf seiner motorgetriebenen Mähmaschine, die vom Pferd gezogen wurde, und mähte ganz allein die Flächen. Das abgemähte Gras musste, damit es trocknete, danach öfter gewendet werden. Was zuvor von den mit hellen Kopftüchern bekleideten Frauen ausgeführt wurde, bearbeitete Großvater mit Pferd und Heuwender nun auch allein. Es waren damals schon die ersten Anfänge eines technischen Fortschritts, der sich jetzt ständig weiterentwickelte. Er erleichterte die Arbeit enorm, sparte Zeit und Personal, und veränderte das Leben, auch hier auf den Dörfern in unserer Gegend, gravierend. Trotzdem möchte ich die Zeit meiner Kindheit nicht missen. Die zwischenmenschlichen Beziehungen, die Gemeinsamkeit, das Zusammengehörigkeitsgefühl und die Naturverbundenheit, die früher das Landleben ausmachten, wird es so nie wieder geben. Ich bin froh, dass ich das noch erleben durfte, und dass die Düfte meiner Kindheit immer noch Emotionen in mir auslösen können. Auch für die Generationen nach uns wird es noch den einzigartigen, herben Duft eines der ältesten Heilkräuter, der Schafgarbe geben. Meine persönlichen Erinnerungen, die damit verbunden sind, die lagern auf ewig in der Vergangenheit – bleiben Einmaligkeiten im Leben. Wünschenswert wäre es jedoch, dass frühere Geschehnisse und altes Wissen trotzdem noch einen Platz im Leben der modernen Menschen und ihrer technisierten, digitalen Lebenswelt finden. Denn wer von der Vergangenheit nichts mehr weiß, der wird in der Zukunft nicht bestehen können. Wurzeln und Fundamente sind entscheidend für das, was sich darauf entwickelt.

Der Spreewald, ein kleines Paradies

Wir paddeln durch ein Labyrinth von Fließen und Kanälen, eingehüllt von lauter Grün und Vogelgezwitscher. Ein bisschen wie Urwald – Natur pur! Ab und zu das Hallo Gleichgesinnter oder ein paar Floskeln bei der Begegnung mit einem Kahn voller Touristen; dann taucht man wieder ein in das Flair dieser einzigartigen mitteleuropäischen Landschaft. Der Spreewald, flächenmäßig etwa so groß wie das Saarland, liegt im Süden Brandenburgs und wurde vor einigen Jahren zum UNESCO – Biosphärenreservat ernannt. Mit unzähligen Wasserarmen, der besonderen landwirtschaftlichen Prägung, den idyllischen Orten und einer langen Tradition und Kultur ist dieses Territorium ein Juwel auf der Landkarte. Mittlerweile ist die Spreewaldgurke nicht nur in Deutschland bekannt, und Pellkartoffeln mit Quark und Leinöl machen nicht nur die Lausitzer stark. Tausende Menschen aus aller Welt kommen hauptsächlich in den Sommermonaten hierher, um aktiv Urlaub zu machen. Egal, ob auf gut ausgebauten Rad- oder Wanderwegen oder auf dem Wasser, hier findet jeder das Richtige. Und die Erinnerungen, ob an die großen Heuschober in der schönen Landschaft, der lustige Fährmann, Spreewälderrinnen in Tracht oder die vielen Störche in und um den malerischen Dörfern haben, das kann man ohne Übertreibung sagen, Nachhaltigkeitsgarantie.

Wer einmal den Spreewald besucht hat, wer einmal hier ein Stück Lebenszeit verbracht hat, der wird nicht selten zum Wiederholungstäter.

Steine

Wer ist nicht schon einmal entlang des Ostseestrandes gelaufen, auf der Suche nach den Steinen mit einem Loch, den sogenannten »Hühnergöttern«? – die, so sagt es der Volksglaube, Glück bringen sollen. Vielleicht fanden Sie aber auch schon Bernsteine oder gar versteinerte Seeigel. Auch die von Wasser und Eis rundgeschliffenen Steine in den verschiedensten Farben sind etwas Besonderes.

Steine, bis hin zu riesigen Findlingen, sind Zeitzeugen der Erdgeschichte, haben schon immer die Menschen fasziniert. In ihnen steckt ein Stück Universum und göttliche Schöpfung, und vielleicht die Lösung für die Entstehung der Erde. Ganze Landschaften sind steingeformt, aus Lava entstanden oder durch ungeheuren Druck zusammengepresst, und begeistern an allen Orten der Welt auf irgendeine Art und Weise. In Gesteinen sind wahre Schätze verborgen, die der Menschheit Reichtum, Macht, Fortschritt und auch Verderben gebracht haben. Grandiose Bau- und Kunstwerke sind aus Steinen entstanden; erdacht und geschaffen von Persönlichkeiten mit einer besonderen Beziehung zu diesem Material. Immer wieder sind es Steine, die man als Tourist von einer Reise als Andenken mit nach Hause bringt, oder die, auf dem Feld gefunden, in den Garten oder vors Eigenheim gelegt werden. Irgendwie scheint eine Verbundenheit zwischen ihnen und uns zu bestehen – irgendwie scheinen sie nicht nur diesen Planeten und das Leben auf ihm, sondern auch uns Menschen geprägt zu haben. In Steinen ist gleichermaßen Ursprung und Unendlichkeit, Erhabenheit und Ruhe, Weisheit und Beständigkeit.

Stille

Stille ist selten geworden in heutigen Tagen,
überall lärmt es um uns herum,
manch einer kann sie so gar nicht ertragen,
braucht immer Geklapper, Geplapper, Maschinenge-
brumm.

Am Puls des Lebens soll man ständig sein,
mitten drin im großen Gewühl,
flexibel, belastbar und cool obendrein,
ist dies das neue Lebensgefühl?

Viele Menschen kommen nicht mehr zur Ruhe,
Stille und Einkehr fast niemand mehr kennt,
immer in Action, immer Getue,
ja nichts verpassen, immer im Trend.

Irgendwann streikt Körper und Kopf,
verbraucht ist der Treibstoff – ausgebrannt,
muss man bedauern den armen Tropf? –
hat Stille und Müßiggang nie gekannt.

Es wird Zeit, die Bremse zu ziehen,
manchmal braucht es nur etwas Mut,
ein Versuch ist es wert, in die Stille zu fliehen,
sie verlangsamt den Herzschlag und tut wirklich gut.

Mal allein sein, mit sich und der Welt,
hineinlauschen in die Natur,
auf einer Wiese liegen, schauen über's Feld,
mit dem Wind auf der Haut, ohne Plan, ohne Uhr.

Die Seele endlich mal baumeln lassen,
nicht mehr wuseln, nicht mehr hasten,
der Druck fällt ab, es ist nicht zu fassen,
niemand und nichts wird dich jetzt belasten.

Flieh ab und zu in dein Wunderland,
hörst die Vögel wieder und das Rauschen der Bäume,
siehst Blumen blühen am Wegesrand,
und in der Stille der Nacht bringt der Schlaf gute Träume,

Unterwegs

Es ist Juli 2019. Mit dem Fahrrad bin ich wieder mal unterwegs im Naturpark Niederlausitzer Heidelandschaft. Nach den viel zu heißen Tagen im Juni sind die Temperaturen jetzt angenehmer. Leider hat es seit Wochen nicht geregnet – staubig sind die Wege. Alles Leben sehnt sich nach Wasser. Nach der Dürre im letzten Jahr in dieser Gegend hat es nun vielen Fichten im Wald den Rest gegeben. Als braune Mahnmale des Klimawandels geben sie ein trauriges Bild ab. Mein Ziel ist heute das Naturschutzgebiet «Loben«, ein Niedermoorgebiet.

In vierzehn Tagen werde ich als Gästeführer mit einer Radgruppe in dieser einzigartigen, geheimnisvollen Landschaft unterwegs sein. Um den Teilnehmern einen erlebnisreichen Tag zu bieten, schaue ich mir vorher immer den Zustand der Wege und diesmal auch der Gewässer an. Ich habe versprochen, dass diesmal hunderte von blühenden Seerosen zu sehen sein werden. Aus den Flächen, wo bis 2003 heilendes Moor für die Kurklinik in Bad Liebenwerda entnommen wurde, sind Wasserflächen entstanden auf denen mittlerweile ein riesiger Teppich von Seerosen gewachsen ist. Und tatsächlich haben sich jetzt zur Mittagszeit unzählige Blüten geöffnet – ein toller Anblick. Vor nicht allzu langer Zeit haben sich auch Biber hier angesiedelt und schon große Burgen errichtet. Einige gefällte Bäume liegen noch über den Wegen, stellen aber kein unüberwindbares Hindernis dar. Am Rande des Naturschutzgebietes fahre ich vorbei an Wiesen die noch bewirtschaftet werden, und an solchen die davon ausgeschlossen sind. Auf ihnen leuchtet es in allen Farben. Heidenelken, Johanniskraut, Nachtkerzen, wilde Möhre, Natternkopf, Schafgarbe, um nur einige zu nennen. Besonders auffällig aber ist eine ziemlich große Fläche von Ackerkratzdisteln, auf denen sich im Sonnenschein eine große Anzahl von Distelfaltern tummeln. Sie sind in diesem Jahr, auch an anderen Orten, besonders oft zu sehen. Überall zirpt und hüpft es und in den Büschen und Bäumen zwitschern die Vögel. Ein kleines Paradies auf Erden ist es, in dem ich heute unterwegs bin. Auch auf den Wiesen und Feldern rund um die Dörfer könnte es so aussehen, wenn man biologisch wirtschaften würde. Keine Gülle, kein Glyphosat oder andere chemische Keulen, dann könnte sich auch hier die Schönheit und Vielfalt der Natur ausbreiten. Das sind Gedanken, die mir durch den Kopf gehen, wenn ich so ein Stückchen heile Welt sehe. Meine Hoffnung ist, dass die Menschen doch noch zur Vernunft kommen ehe alles wegstirbt und unser Lebensraum vernichtet ist. Das Insektensterben der letzten Jahre hat schon Wirkung gezeigt. Also, Mut haben und protestieren, sich einmischen, aktiv sein und mitmachen! Auch das wird bei der kommenden Radtour mit angesprochen werden. Es darf nicht nur ein Wunsch sein, sondern es muss zur Aufgabe werden, all das Schöne, was wir heute noch erleben können, für die nachfolgenden Generationen zu erhalten. Gut gelaunt, voller Zuversicht und mit Freude auf die gemeinsame Radtour kehre ich zurück nach Hause.

Unser Geschenk – die Erde

Ständige Veränderung, Verwandlung, das ist das Leben. Ein Schauspiel folgt dem anderen, farb- und gefühlsgewaltig, laut und leise. Metamorphisch taumelt das Jahr durch Raum und Zeit – es ist großes Kino, was hier auf der Erde abläuft. Trotzdem stellt sich uns die Frage: Wie lange wird das noch so sein? Dass **Leben** ständig neu entsteht und wieder vergeht, das ist Normalität. Doch was ist mit dem Lebensraum, in dem alles geschieht? Ist er unerschöpflich, unkaputtbar? Nein! Ein klares Nein, denn nichts ist von Dauer. Die Gefahren lauern überall – außerhalb unseres Planeten, im Inneren und zwischendrin. Ist das Ende also nur eine Zeitfrage? Dies beschäftigt uns Menschen mehr denn je – uns, mit all unserem Tun und Lassen, mit all unseren Machenschaften. Wer oder was wird als erstes zuschlagen, wie schlimm werden die Folgen sein? Die Folgen menschlichen Tuens sind leider schon erkennbar. Man kann nur hoffen, dass letztendlich doch die Vernunft über Dummheit, Gier und Fanatismus siegt, dass die große Chance begriffen wird. Unser aller Lebensraum, mit all seinen Schönheiten, seiner Einmaligkeit im Universum, hat es verdient, so lange wie möglich erhalten zu bleiben, damit noch viele Generationen nach uns die Schönheit der Natur und die Vielfalt der Lebensformen erleben und genießen, sich an diesem grandiosen Geschenk erfreuen können.

Faszination Berge

Berge, egal ob kleine oder riesengroße, haben etwas anziehendes, etwas bezauberndes. Sie locken uns Menschen schon seit ewigen Zeiten nach oben, zum Gipfel, näher zum Himmel. Egal wo sie sind auf der Welt, wenn man in ihrer Nähe ist, möchte man auf einem von ihnen stehen. Und egal ob es das Gipfelkreuz ist oder nur ein Aussichtsturm – wir werden belohnt. Der Blick von ganz oben, der Stolz, angekommen zu sein, entschädigt die Anstrengung, gar manche Qual.
Berge und Meer, Fels und Wasser – zwei Elemente dieser Erde, die etwas mystisches besitzen, die neugierig machen und zu Wagnissen herausfordern.
Es ist ein Stück Freiheit und wunderschöne Natur, die der Mensch in Bergregionen erleben kann, und das ist neben Kultur und Traditionen immer eine Reise wert.

Rekorde – der Anfang vom Ende?

Im Laufe seines Lebens erlebt ein Mensch so allerhand. Je älter er wird, um so größer ist die Anzahl der besonderen Ereignisse. Seit Menschen in irgendeiner Form Geschehnisse, Entdeckungen oder Erfindungen aufgezeichnet oder datiert haben, sind diese in die Geschichte eingegangen. Die Ergebnisse modernster Forschung lösen so manches Rätsel, befriedigen mehr oder weniger die menschliche Neugier. Die Suche nach neuen Erkenntnissen wird trotz all dem immer weiter gehen. Aber nicht nur Vorkommnisse aus der Vergangenheit bringen Interessantes und Wahrheiten an den Tag, sondern ständig neue Ereignisse geben Anlass, wenn sie einmalig sind, datiert und für die Nachwelt archiviert zu werden. So lange die Welt sich dreht und es Menschen gibt, wird dies so sein. Gutes oder Schlechtes, Besonderheiten werden datiert, egal ob es nur einen Tag oder einen längeren Zeitraum betrifft. Gerade Naturereignisse sind neben menschlichem Wirken immer mal wieder bemerkenswert. Und so wird auch das Jahr 2018 wettertechnisch in die Geschichte, zumindest hier in der Niederlausitz, eingehen. Eingehen als das wärmste, sonnenreichste und niederschlagärmste Jahr seit den Wetteraufzeichnungen ab 1881. Die Extreme, nicht nur in meiner Heimat sondern global gesehen, nehmen von Jahr zu Jahr zu. Der Klimawandel, von dem wir sprechen, ist in vollem Gange und die Intervalle der Katastrophen werden immer kürzer. Es gibt wohl keinen Zweifel mehr, dass diese Vorgänge menschengemacht sind. Industrialisierung und Bevölkerungszuwachs (zur Zeit ca. 7,5 Milliarden) tragen im wesentlichen dazu bei. Die Rücksichtslosigkeit der Menschen, egal aus welchem Motiv auch immer, gegenüber der Natur, gegenüber dem eigenen Lebensraum ist nur der Anfang einer Kettenreaktion die, wenn nicht ein weltweites Umdenken und Handeln eintritt, zum Supergau führen wird und voraussichtlich zum Ende der Menschheit.

Meine Brüder, die Bäume

Ihr wurdet gepflanzt, als ich geboren wurde. Gar nicht weit von unserem Haus, am Rand des Dorfes, setzte man euch hinein ins Leben. Immer wieder stattete ich euch einen Besuch ab – wir wuchsen sozusagen gemeinsam auf, ich mit meinen Freunden, ihr mit euren Brüdern. Als ihr, nach kurzer Zeit schon eine Schonung wart, spielten wir gemeinsam Verstecken – wir nannten es Räuber und Polizei. An Größe überragtet ihr uns bald um ein Vielfaches und wir mussten euch beklettern, um einen guten Überblick zu haben.
Ich bewunderte euch zu jeder Jahreszeit, ihr, mit dem immergrünen Kleid oder ihr mit den verschiedenartigen Blättern, die sich im Herbst so wunderbar bunt färben. Leider konntet ihr meine Besuche nicht erwidern. Doch ab und zu, immer zur Weihnachtszeit holte ich einen grünen Freund mit nach Hause. Dort zeigte ich ihm meinen Lebensbereich und in der guten Stube bekam er den besten Platz und wurde königlich geschmückt. Leider blieb der Besuch einmalig, es war die letzte Station seines Baumlebens. Einen ganzen Monat lang waren wir unzertrennlich, betrachteten uns gegenseitig, erzählten uns Geschichten und träumten gemeinsam beim Kerzenschein. Beide wussten wir, dass es trotz guter Pflege, bald einen Abschied für immer geben würde. Schicksal oder Lauf der Zeit, es ist halt so. Meine hölzernen Brüder und auch ich wuchsen heran zu kräftigen Lebewesen. Im

gemeinsamen Leben standen wir unseren Mann bzw. Baum. Ab und zu wurden wir ein bisschen ausgelichtet, was ja ab einem gewissen Alter normal ist. Ab und zu habe ich euch auch mal für längere Zeit verlassen, ohne euch jedoch zu vergessen. Doch jetzt, wo wir allesamt älter geworden sind, häufen sich die Besuche bei euch im Wald wieder.

Dann erkundigen wir uns nach dem Befinden, erzählen uns Geschichten von Sturm und Wasser, von Frost und Schnee und von alten Bekannten, die es nicht mehr gibt. Ich verstehe eure Sprache ganz genau, wenn ihr mit den Zweigen rauscht, mit den Stämmen knarrt oder wenn ihr mit würzigem Duft eure Gefühle zeigt. Wir werden ewig Brüder und Freunde sein, bis jemand kommt, der uns ans Leben will, der uns zurück führt zu einer neuen Bestimmung. In der Erde Schoß sind wir dann wieder vereint und harren auf einen Neubeginn in unbestimmter Zeit – ich und meine Brüder die Bäume.

Doktor Wald

Shinrin-yoku heißt der neuste Trend. Das Wort kommt aus dem Japanischen und heißt soviel wie «Baden im Wald». Und dieses Waldbaden, also der Aufenthalt im Wald, soll sehr gesund sein. Das wussten wir doch schon immer! Warum wird jetzt so ein Rummel darum gemacht? In Japan und in den USA soll es Waldbesuche sogar schon auf Rezept geben.

Wenn ich mich zurückerinnere an meine Kindheit vor über sechzig Jahren, dann waren wir damals ja wahre Meister im Waldbaden. Es verging nämlich kaum ein Tag, an dem ich mit meinen Freunden nicht im Wald war. Dort haben wir Räuber und Gendarm gespielt, Laubhütten und Bunker gebaut, sind auf den Bäumen herumgeklettert oder haben einfach nur Tiere beobachtet. Ich kann mich erinnern, dass uns der Waldaufenthalt, vielleicht bis auf ein paar Beulen oder Kratzern, immer gut bekommen ist. Als wir abends nach Hause kamen, waren wir fröhlich, hatten rote Wangen, großen Hunger und schliefen nachts den Schlaf der Gerechten. Dass die Luft in den Wäldern besser war als die in den von Industrieabgasen berieselten Städten, das war auch damals schon bekannt. Auch heute ist das noch so. Allerdings sind es jetzt mehr Kraftfahrzeugausdünstungen als Fabrikdreck.

Das Leben im einundzwanzigsten Jahrhundert hat sich trotzdem gravierend verändert. Wissenschaft und Forschung sind auf einem ganz anderem Niveau als vor sechzig Jahren. Was den Wald betrifft, gibt es nun wissenschaftlich bewiesene Studien, die belegen, dass der Aufenthalt in ihm wirklich die Gesundheit fördert. Der Wald an sich hat sich gar nicht so sehr verändert, verändert haben sich allerdings die Menschen. Die grandiose Entwicklung hat alle Lebensbereiche beeinflusst und damit auch die Lebensbedingungen.

In einer nunmehr globalisierten, vernetzten Welt mit Hightech vom Feinsten ist die Bindung von Mensch und Natur größtenteils verlorengegangen. Diese Veränderungen haben nicht nur Segen sondern auch Fluch über die Menschen und deren Umfeld gebracht. Krankheiten, die man früher nicht kannte, sind über uns hereingebrochen. Mittlerweile kennt man viele Ursachen, weiß von den Zusammenhängen und was zu tun ist. Und eben eine wichtige von den vielen Erkenntnissen ist: Der Wald ist nicht nur eine Quelle der Erholung, sondern auch ein Refugium für die Heilung. Der Slogan »Zurück zur Natur« kommt also nicht von ungefähr. Bäume, die größten Lebewesen der Erde, haben ein segensreiches, heilendes Potential in sich, und ohne sie wäre ein Leben auf diesem Planeten kaum möglich. Der Wald ist wirklich ein Gesundbrunnen, und da die modernen Menschen dies zu vergessen scheinen, ist es wichtig immer wieder neue Trends zu kreieren, obwohl es vielfach alte Hüte sind. Man weiß jetzt von der Heilkraft der ätherischen Öle, des harzigen Dufts der Nadelbäume und der sauerstoffspendenden Blätter der Laubbäume. Deswegen ist »Shinrin-yoku« heute wichtiger denn je und der »Doktor Wald« somit ein Garant für die Gesundung! Bei jedem Wetter kann man ihn besuchen und zu jeder Jahreszeit bietet er Erlebnisse und Wohltaten.

Wenn meine Kinder früher Ausflüchte suchten, um nicht im Wald spazieren zu gehen, sagte ich ihnen immer folgenden Spruch auf:

> »Im Wald ist kein Wind, das weiß jedes Kind.
> Da gibt's frische Luft und würzigen Duft.
> Kommt nehmt den Hund, Bewegung ist gesund.

In diesem Sinne kann ich nur sagen: »Machen Sie es nach, es lohnt sich«.

Menschenwerke

Es dauert Stunden, Tage, Jahre bis ein Werk vollbracht
und langes Sinnen war vonnöten, viele Tage,
manche Nacht.
Uns Menschen soll es nützen, das Leben leichter machen
und erfreuen
deswegen wird entwickelt und erfunden,
immer wieder, stets von neuem.
Lange Zeit soll sich's erhalten, Zeugnis sein für das Genie
und Ansporn für die klugen Köpfe,
denn der Fortschritt, das sind sie.
Doch böser Geist in finstrer Stunde hat geplant
die üble Tat
und nur in einer einzigen Sekunde sind zerstört
die Frucht, die Saat.
Nichts ist schlimmer als die Dummheit,
als fanatisches Getue,
wie friedlich wär es ohne sie, welch Glück,
welch Blühen, welche Ruhe.

Faszination Holz und die Kunst

Das Holz der Bäume ist gespeicherte Energie aus Erde, Wasser, Luft und Licht, das mit Form, Farbe und Duft dem Menschen ein nützliches und zugleich angenehmes Material ist. Es bereichert sein Leben, beeinflusst Körper, Geist und Seele positiv und kann Quelle für Freude und Wohlbefinden sein .

Es ist die Sprache der Kunst, die durch Materialien der Natur Emotionen schafft, die Körper und Seele beeinflusst und die Quelle für Freude und Wohlbefinden sein kann.

Die wunderbaren Eigenschaften des Naturmaterials Holz kommen besonders gut in künstlerischen Objekten zum Ausdruck. Durch den kreativen Geist und das Geschick des Machers kann sich all die gespeicherte Energie durch Anblick, Berührung und Duft auf den Menschen übertragen und ein unbeschreibliches Gefühl erzeugen, welches seinem Körper in vielerlei Hinsicht gut tut.

Kunst ist für mich die Offenbarung von Lebensgefühl und handwerklicher Fähigkeit.

Kunst vermittelt Lebensgefühl, berührt die Sinne der Menschen in vielfältiger Weise und lässt die Sorgen des Alltags für eine gewisse Zeit vergessen.

Kunst sollte anregen – nicht aufregen, erfreuen – nicht ärgern, inspirieren – nicht deprimieren. Kunst sollte man sich gönnen wie einen guten Wein oder eine handgemachte Süßigkeit.

Es sind allein die Glücksmomente, die das Leben lebenswert machen!

Die liebe Mode

Mit der Mode ist es auch nicht immer einfach. Und da-
mals, Ende der sechziger Jahre, von der jetzt die nachfol-
gende Geschichte handelt, war es besonders schwer, immer
auf neuestem Niveau zu sein. Wer Westfernsehen sah, wusste,
was gerade »angesagt« war – im Osten lebten wir sozusagen
etwas hinter dem Mond. In Sachen Mode – Fehlanzeige.
Hier war nur die Erfüllung der Fünfjahrespläne wichtig. Die
Anweisung, auch etwas für die Bedürfnisse der Bevölkerung
zu tun, kam erst unter der Führung von Honecker.
Aber nun zurück zur Mode der Sechziger. Im Zeitalter der
Beatles und Stones, wo sich die jungen Männer die Haare
lang wachsen ließen, bei den Mädels die Miniröcke nicht
kurz genug sein konnten, die langen Hosen einen mäch-
tigen Schlag hatten und Rollkragenpullover angesagt wa-
ren, musste man einfach mitmachen. Wie gesagt, das gab
es alles erst in Westdeutschland (also der Bundesrepublik),
und dann wurde es in der DDR nachgemacht. Wir »Ost-
ler« waren damals sehr erfinderisch, wussten uns zu helfen
und haben aus allem etwas gemacht. Die Haare sind allein
gewachsen, da mussten wir nur den Widerstand der Eltern
und Lehrer überwinden. Die Bekleidung haben wir selbst
hergestellt, von einem Schneider nähen lassen (die hatten
übrigens Hochkonjunktur), oder wer Westverwandtschaft
oder Westbeziehungen hatte, hat sich welche schicken lassen.

Mit gleich zwei Schneidereien im Dorf hatte ich es da ganz gut. Also, ich fuhr mit meiner Mutter erst einmal in die nahegelegene Kreisstadt zu Haferlands. Das war das größte Stoffgeschäft in der ganzen Umgebung. Da wurden dann ein paar schöne Hosenstoffe gekauft, aus denen dann Müller's Willi Schlaghosen nähte. An den Knien mussten sie schön eng sein und über den Schuhen etwa eine Breite von dreißig Zentimetern haben. Eine Hose war für die Wochentage und eine für den Sonntag. Nun wurde noch ein schönes, buntes, blumengemustertes Hemd mitlangem Kragen und Glockenärmel angefertigt, und dann sahen wir aus wie die Hippies in Amerika.

Abends im Sommer, bei gutem Wetter oder Sonntags , war dann, mit dem Kofferradio über'm Arm, Schaulaufen angesagt. Wahrscheinlich wollten wir auch nur die Mädels beeindrucken. Die ihrerseits versuchten mit Miniröcken, langen Stiefeln, breiten Gürteln und selbstgestrickten, hautengen Pullovern aufzufallen. O, was war das für eine schöne Zeit! Dass die damalige Mode auch praktisch war, konnte man nur teilweise bejahen. Gerade bei den Jungen war es manchmal ganz schön gefährlich. Denn wegen dem Geflatter um die Arme und Beine, mussten die ganz schön aufpassen, um nirgendwo hängen zu bleiben oder sich zu verfangen. Am gefährlichsten war das beim Fahrradfahren – und genau da hatte es mich mal erwischt.

Es war nachmittags an einem Wochentag, der Tag, an dem sich immer die Arbeitsgemeinschaft Segelflugmodellbau zusammenfand, und wo auch ich teilnahm. Ich hatte wohl etwas die Zeit vertrödelt und würde kaum pünktlich in der Werkstatt sein. Also schnell auf's Fahrrad und losgetreten, wie ein Verrückter. Natürlich hatte ich die Schlaghosen noch an – zum Umziehen war da keine Zeit mehr. Unterwegs ging dann alles ganz schnell. Es machte kurz **ratsch**, dieses typische Stoffzerreißgeräusch, und dann war meine rechte Wade belüftet. Was war passiert? In der Hektik hatte ich auch vergessen, die weiten Hosenbeine mit Klammern zu fixieren. Die Folge war, dass bei dem Tempo ein flatterndes Hosenbein von der Fahrradkette erfasst und mit einem Ruck abgerissen wurde. Das ging alles so schnell, dass ich nicht mehr reagieren konnte. Mein Fahrrad konnte die neue Mode wahrscheinlich nicht leiden. An den Flugmodellen hab ich an jenem Tag nicht mehr rumgebastelt – habe mich wegen Bauchschmerzen später entschuldigt. Obwohl ich die ja nicht wirklich hatte, habe ich trotzdem wegen der kaputten Schlaghose noch lange gelitten. Mutter hat dann das andere Bein auch noch abgeschnitten und eine kurze Hose daraus gemacht – ich meine so eine, wo die Hosenbeine bis an die Knien reichen. Damals war es ein notwendiges Übel, heute nennt man so was **Bermudas**. Statt eines Elektroberufes hätte ich vielleicht was mit Mode lernen sollen – einige Erfahrungen hatte ich ja schon.

De liebe Mode (Mundart)

Mitte Mode isses ooch nich so eenfach. Und doamols Ende der sechzijer Johre, von wo nu de noochfoljende Jeschichte handeln tut, woar'sch besondersch schwer, modisch immer mit vorne dranne zu sin. In' Westfernsehn hommer'sch jesehn was groade der neiste Schrei woar – in Osten, do homma sozusoagen hingern Mond jelebt. In Sachen Mode – Fehlanzeije. Hier woar bloß de Afillung der Finfjohrpläne wichtich. Dass mitte Befriedijung der Bedirfnisse fer de Bevelkerung, das kohm erscht speeter bei Honneckern.

Aba nu zurick zu de Mode inne Sechzijer. Das woar jo grode das Bietels- und Schtoonszeitalter, do wo sich de jungen Kerle de Hoore lang wachsen lossen hoam, bei de Meechens de Minirecke nich kurz jenuch sin kunnten, de langen Hosen in mechtjen Schlack hotten und anne Plower Rollkroagen dranne woarn.

Wie jesoat, das joab's erscht alles in' Westen und denn wurdes bei uns noachjemacht. Wir Ostler woarn jo doamols afinderisch, wir wussten uns zu helfen und hoam aus alles was jemacht.

De Hoore sin aleene jewachsen, do mußt'mer bloß den Widerstand vonne Alten ewwawinden. De Klamotten homma uns selba herjeschtellt, von een Schneider machen lossen (die hotten iebrijens Hochkonjuntur) oder wer Westvawante oder Westbeziehungen hotte, hot sich welche schicken lossen.

Ich hottes do jans jut, denn in unsern Ort joab's klei zwee Schneidereien.

Also, ich mit unse Muttern inne Kreisstadt zu Haferlands jefohrn. Das woar der greeste Schtoffloaden inne janze Umjebung. Do hot'se mich denn in poar scheene Hosenschtoffe jekooft, die ich denn bei Millersch Willien zu Schlaghosn nehen lossen hob. Anne Knien mussten se scheen enge sinn aba ewwa de Schuhe woarn se unjefehr dreißich Zentimeter breet.

Een poar Hosen woarn fer de Woche und een poar fern Sunntach. Nu wurde noch in scheenes, buntes, blumenjemustertes Hemne mit langen Krogen und Glockenermel anjeferticht und denn homma ausjesehn wie de Hippies in Amerika.

Oabens in Somma, wenn das Wetta jut woar oder Sunntach, homma do mit de Kofferheule ungern Arm Schauloofen jemacht. Woarscheinlich wullt'ma ooch de Meechen beendrucken. Die ihrerseits versuchten mit Minirecken, langen Stiwweln, breeten Jerteln und selbstjestrickten, hautengen Plowern uffzufallen.

Mann, was woar das ferne scheene Zeit!

Dass de domolige Mode ooch praktisch woar, das kunnte man blooß teilweese bejaen. Groade bei de Jungs woarsch manchmo janz scheen jefehrlich. Denn wejen das Geschlenker um de Arme und Beene mussten die janz scheen uffpassen, dasse nich irjentwo hängen blieben oda sich vahedderten.

Am jefehrlichsten woarsch bein Fohrradfohrn – do hots **mich** neemlich moar awischt!

Es woar an een Noachmittag mitten inna Woche, wo ich anne Arbeitsjemeinschaft Segelflugmodellbau teilnohm. De Zeit, wo's anfangen sullte woar glei ran, doch ich noch nich inne Werkstatt. Also schnell uff's Fohrrad und loosjetrampelt wie'n Varickter. Natierlich hotte ich de Wochenschlackhosen noch an – woar ja keene Zeit mehr zum umjoopen. Ungerwegs jing alles jans schnell. Es machte kurz **ratsch,** dieses tiepische Schtoffzareißjeräusch, und denn woar meene rechte Woade beliftet. Was woar passiert? Im Droosch hott'ich ooch vajessen Hosenklammern anne Hosenbeene zu machen. Die Folje woar denn zwangsleifich, dass een sonn schlackriches Hosenbeen inne Kette koam und bei das Tempo, was ich druff hotte, mit een Ruck abjerissen wurde. Das jing alles so schnell, dass ich goar keene Schangse zum reajiern hotte. Meen Fohrrad kunnte de neie Mode woarschenlich nich leiden. Anne Flugmodelle hob ich an den Tach nich mehr rumjebastelt – hob mich wejen Bauchschmerzen schpeeter entschuldicht. Obwohl ich die ja nich werklich hotte, hob ich wejen de kaputten Schlackhosen noch lange jelitten. Mutter hot denn das anre Been ooch noch abjeschnitten und kurze Hosen draus jemacht – ich meene sonne, wo de Hosenbeene bes anne Knien reechen toaten. Domools woarsch in notwendijes Iebel, heite wern's **Bermudas**. Statt in Elektroberuf hett ich velleicht was mit Mode lernen sulln – in poor Afohrungen hott'ich ja schonn.

Werden und Vergehen

Zwei Menschen haben sich entschieden,
es waren Frau und Mann,
ein Kindlein in die Welt zu setzen,
das dafür gar nichts kann.
Für die beiden ist der Nachwuchs
die schönste Form vom Glück,
in die kalte Welt entlassen, gibt's jetzt kein Zurück.
Sein Zweck ist jetzt zu leben, zu wachsen, zu gedeihen,
nun ist er einer von Milliarden,
da kann er noch so schreien.
Er wird gefüttert und verhätschelt,
beginnt langsam zu verstehen,
lallt schon die ersten Laute und wird bald selber gehen.
Das Menschenkind, es wächst heran,
Jahr für Jahr verrinnt.
Schulzeit, Jugend, bald erwachsen –
die Zeit rast wie der Wind.
Um zu leben muss man viel beachten,
muss denken, schaffen, tun,
muss ständig lernen, sich bewegen
und auch regelmäßig ruhen.
Doch jeder Tag, der nagt am Leben,
der Körper altert mehr und mehr,
die Kräfte lassen schneller nach, öfter ist der Akku leer.

Die Zeit hat Spuren hinterlassen,
auch äußerlich, man kann es sehen,
mal zwickt es hier, mal zwickt es da,
übrig bleibt, zum Arzt zu gehen.
Alles im Leben hat seine Zeit, so ist's,
vom Kinde bis zum Greis,
Gutes und Schlechtes, Freude und Leid –
jede Sekunde hat ihren Preis.
Das Resümee unseres Daseins, ganz ohne Verdruss:
Macht, wenn's geht, aus allem das Beste,
denn irgendwann ist Schluss.

Menschen auf dieser Welt

Als Wunder der Evolution könnte man den Menschen bezeichnen, oder als ein Geschöpf Gottes. In verschiedenen Ausführungen und Farben bevölkert er den Planeten Erde und hat mittlerweile eine Stückzahl um die sieben Milliarden erreicht. Diese Menschen mit ihren geistigen und körperlichen Fähigkeiten haben bereits und sind weiterhin dazu in der Lage, Unvorstellbares zu vollbringen und ungeheuerliche Veränderungen herbeizuführen. Leider sind die Auswirkungen nicht nur positiv! Mit Erfindung der Waffen zum Beispiel haben sie unsägliches Leid über Land und Leute gebracht und sind heute sogar in der Lage, alles Leben auf der Erde zu vernichten. Sie haben aber auch mit ihren Erfindungen und Ideen, mit ihrer Phantasie und Kreativität wahre Wunder für sich geschaffen. Im besonderen denke ich da an die Entwicklung der Maschinen, der Elektronik, der Architektur, der Kunst und der Wissenschaften. Was sich da besonders in den letzten knapp 200 Jahren vollzogen hat, ist kaum zu begreifen. Geistige Fähigkeiten scheinen unbegrenzt zu sein. Aber trotz dieser Tatsachen sind die Auswirkungen, ist das Niveau oftmals territorial gravierend unterschiedlich – oft schwer zu verstehen. Wer die Möglichkeit hat, die Welt zu bereisen, wird dies immer wieder feststellen. Gut und Böse, Armut und Reichtum, Liebe und Hass, Tradition und Religion – all das beeinflusst das globale Lebensgefüge und prägt das Gesicht der Erde.

Es bleibt die Hoffnung, dass sich das Zünglein an der Waage in positive Richtung bewegen möge, dass sich irgendwann einmal der Mantel des Friedens über unseren blauen Planeten legt und die Vernunft siegt. Dann haben die Menschen auf dieser Welt, dann hat die Erde eine Zukunft.

Hallo Mensch

So bunt und vielfältig die Natur und das Leben auf diesen Planeten sind, so verschiedenartig sind auch die Menschen, die ihn bevölkern. Geprägt vom Land, vom Erdteil in dem sie leben, hat sich ihr Erscheinungsbild geformt. Klima, Sprache, Religion, Sitten, Bräuche und der jeweilige Lebensraum machen sie so unterschiedlich und einzigartig. Jedes Land, oft sogar eine bestimmte Region des selben Landes, hat eigene Kulturen und Traditionen hervorgebracht. Dies äußert sich zum Beispiel in Dialekten, Charakteren, Bekleidung, Lebensweise und im gesamten Kunstspektrum. Im Zuge der Globalisierung in der heutigen Zeit, mit modernsten Kommunikationsmöglichkeiten und Transportmitteln, vermischen sich Kulturen und Völker mehr und mehr und das Individuelle, Einzigartige wird in ferner Zukunft irgendwo verloren gehen. Und trotzdem bleibt jeder einzelne, der nunmehr über sieben Milliarden Menschen auf dieser Erde, eine eigene Persönlichkeit und irgendwie immer auch interessant für die anderen. Menschen zu beobachten, ganz gleich an welchen Ort der Erde das sein mag, hat heute auf jeden Fall noch eine gewisse Faszination. Fotos können dies auf eindrucksvolle Weise für die Nachwelt festhalten und vielleicht später als Vorlage für eine Rückbesinnung dienen.

Emil

Es trug sich zu auf dem Flug in die USA im Airbus 380. Nachdem unsere Sitzreihen aufgerufen wurden, begannen wir den Einstieg in dieses riesige Flugzeug. Mit dem Rucksack auf dem Rücken lief ich, neugierig nach links und rechts schauend, den mir zugewiesenen Gang entlang bis zum Sitzplatz.

Da staunte ich nicht schlecht: Wir hatten mal wieder Plätze im Konzertabteil bekommen und saßen in der ersten Reihe. Vor uns, auf der Bühne sozusagen, drei Familien mit Kleinkindern. Schon vor, aber besonders während des Starts, machten sich die Kleinen lautstark bemerkbar. Besonders einem Menschenkind, schräg vor mir, schien der Flug überhaupt nicht zu gefallen. Er brüllte, was die Stimme hergab und ließ sich von den Eltern kaum beruhigen. Selbst durch die Kopfhörer, welche sich die Passagiere der Abteilung allesamt über die Ohren stülpten, war das Geschrei noch zu hören. Die Lautstärke beim Musikhören oder Filmgucken musste ständig reguliert werden. Als der Ruhestörer dann tatsächlich einmal erschöpft eingeschlafen war, verteilte seine Mutter kleine Tütchen in die unmittelbar beschallten Sitzreihen hinter sich.

Als ich die Tüte öffnete, kamen einige kleine Gummibärchen, zwei Ohrstöpsel und ein Zettel zum Vorschein. Auf dem Zettel standen folgende Worte: »Hallo, mein Name ist

Emil. Ich bin fünf Monate alt und das ist mein allererster Flug. Zusammen mit meinen Eltern sitze ich in Reihe 88 A&B. Ich bin mir sicher, dass meine Eltern alles mögliche tun werden um mir und Ihnen einen stressfreien und angenehmen Flug zu bereiten. Sollte ich dennoch mal etwas schreien, seien Sie mir bitte nicht böse! Damit es für sie nicht allzu schlimm wird, finden sie anbei etwas Süßes und Ohropax (ich kann nämlich ziemlich laut schreien) – Smily. Das ganze war natürlich auch in Englisch aufgeschrieben.

Die Eltern kannten ihren Sohn, also seine Angewohnheiten, schon sehr gut und hatten sich für alle Fälle auch gut vorbereitet. Das sind doch mal Eltern mit Weitblick und noch dazu so rücksichtsvoll – hätte ich der heutigen jungen Generation gar nicht zugetraut.

Emil, bei so netten Eltern konnten wir dir doch nicht böse sein. Das Wichtigste war jedoch, dass wir gut in Los Angeles angekommen waren. Und ob sie's glauben oder nicht, beim Rückflug hatten wir die gleichen Plätze. Emil war wahrscheinlich noch in Amerika; seine Nachfolger im Konzertabteil waren wesentlich ruhiger. Ich konnte ungestört drei Filme gucken und habe sogar ein wenig geschlafen.

USA – der Mythos Südwest

Als Kind war Amerika für mich der »Wilde Westen« mit Indianern, Cowboys und Siedlern. Welcher Junge hat damals nicht Coopers Lederstrumpfbände gelesen oder sich die Karl-May-Filme vom Häuptling Winnetou angesehen? Von der Sonntagsserie «Am Fuß der blauen Berge», habe ich wohl keine Folge verpasst. Es waren faszinierende Abenteuer in einer grandiosen Landschaft. Fünfzig Jahre hat es gedauert, diesen Landesteil der USA einmal zu bereisen und mit eigenen Augen all das einmal real zu sehen. Eine Reise in das Land der unbegrenzten Möglichkeiten, der verrücktesten Attraktionen und der großartigsten Naturschönheiten ist Wirklichkeit geworden. Ein Kindheitstraum hat sich erfüllt! Es war ein Wechselbad der Gefühle, die in drei Wochen auf uns einwirkten, und eine Zeit der Nachbearbeitung ist nötig, um alle Eindrücke zu verarbeiten. Gut, dass es Fotoapparate gibt!

Die Liste wäre zu lang, um alles aufzuzählen, was wir erlebt haben. Für uns wird es ewig in Erinnerung bleiben, weil es so einmalig schön war und all das Drumherum, inklusive Wetter, gepasst hat.

Zirka 5500 Kilometer waren wir unterwegs, durch vier Bundesstaaten, von Los Angeles bis San Francisco, vom Grand Canyon bis zum Yosemite-Nationalpark.

Von Frost in den Ausläufern der Rocky Mountains bei 2700 Meter über Meeresspiegel bis zu sengender Hitze bei 86 Meter unter Meeresspiegel, im »Tal des Todes«, haben wir eine der schönsten Gegenden auf unserem Planeten kennen gelernt.

Sri Lanka, eine faszinierende Insel im Indischen Ozean

Als wäre sie vom Riesenreich Indien abgetropft, liegt die Insel, die früher Ceylon hieß, nur etwa sieben Breitengrade nördlich vom Äquator im türkisfarbenen Meer. Cirka 20 Millionen Menschen leben auf einer Fläche, die nur wenig kleiner ist als die von Bayern.

Nach der Ankunft in der Hauptstadt Colombo prallen wir sogleich auf das tropische, immerfeuchte Klima, auf fremdländische Menschenmassen und eine vielfältige Blütenpracht, die schon das Flugplatzareal säumt. Und dann geht's hinein in das Verkehrsgewühl der Millionenmetropole bis hin zum Meer, wo am weißen Strand unser schönes Hotel liegt. Abgesehen von den verkehrsreichen, brodelnden Städten, ist Sri Lanka ein grünes, abwechslungsreiches Land mit üppiger Natur, gastfreundlichen Menschen, einer tief verwurzelten Religiosität, einer umfangreichen Landwirtschaft und einer Vielzahl von Tempeln, Palästen und Kulturdenkmalen. Unübersehbar sind auch die Spuren, die portugiesische, holländische und britische Kolonialherren hinterlassen haben. Bezüglich Flora, Fauna und Landschaftsprofil hat die Insel eine Menge zu bieten. Von herrlich langen, palmengesäumten Stränden, wunderschönen Parkanlagen, urwaldähnlichen Naturschutzgebieten über große Flächen mit Obst-, Gemüse- und Reisfeldern, bis hin zum bis zu 2500 m hohen

Gebirge im Inselkern mit den riesigen Teeplantagen, gibt es für Augen und Kameraobjektive immer wieder Interessantes zu entdecken. Zum Beispiel über 80 Schlangen- und 430 Vogelarten, ca. 5500 indische Elefanten, eine Menge Affen und geschätzte 2,4 Millionen Hunde leben hier. Im klimatisierten Bus sind wir unterwegs, aber auch zu Fuß, um etwas zu erfahren von Kultur, Religion, Wirtschaft und Politik, von Menschen, Tieren und Pflanzen, und wir haben uns recht schnell an das hiesige Klima gewöhnt. Am Ende der Reise wird sich unser Horizont erweitert haben. Vergleiche finden statt mit dem Leben hier in Deutschland. Neben den Naturschönheiten, dem Luxus und der Armut haben wir auch gesehen, dass Fortschritt und Globalisierung nicht nur positive Seiten hat, sondern das Gleichgewicht zwischen Mensch und Natur empfindlich stören kann, wenn es an Bewusstsein, Willen und den finanziellen Mitteln fehlt.

Namibia – weites Land im Südwesten Afrikas

Nach cirka 8000 Flugkilometern landen wir in Windhoek. Die milden Märztage in Deutschland machten uns die Umstellung auf den namibischen Herbst relativ leicht. Auch mit der Zeitverschiebung, nur eine Stunde, hatten wir kein Problem. Spuren vom Regen der letzten Tage waren noch zu sehen, unser Kleinbus stand bereit und wir konnten unsere Reise, die uns 6000 km durch das ganze Land führen sollte, beginnen. Zweieinhalb mal so groß wie Deutschland und mit nur reichlich Zweimillionen Einwohnern ist Namibia ein Land der Weite. Riesige Flächen mit Buschwerk, Gras, Sand und Gestein prägen die Landschaft. Größtenteils auf Schotterpisten sind wir unterwegs zu den Sehenswürdigkeiten – und davon gibt es eine Menge. Am beeindruckendsten ist jedoch die Namib, die älteste Wüste der Welt. Im Dünenmeer von Sossuvlei türmt sich der rotbraune Sand mit bis zu 300 Metern auch zu den weltweit höchsten Dünen auf. Aber auch die endlos scheinenden Flächen der Kalahari, deren blühende Gräser im Gegenlicht der Abendsonne wie von Raureif überzogen glänzen, bieten viel Sehenswertes. Doch was wäre Afrika ohne seine Tiere!
Im Etosha-National-Park, der halb so groß ist wie die Schweiz, erleben wir sie aus nächster Nähe. Elefanten, Giraffen, Nashörner, Zebras, Löwen und Antilopen sind da nur einige Beispiele der artenreichen Fauna, die unsere Herzen

schneller schlagen lassen. Leider nur einen Bruchteil vom Erlebten kann man auf Fotos festhalten. Auch den Kontakt mit den Menschen in den verschiedenen Landesteilen und die grandiosen Sonnenuntergänge muss man erlebt haben. Und wenn in der Dunkelheit die Sterne wie namibische Diamanten am Himmelszelt prangen, dann sind wir uns ganz sicher, weit weg von zu Hause zu sein. Nur hier in Afrika kommt man dem Universum so nahe, nur hier spürt man so die Weite der Welt.

Costa Rica – ein zerfallendes Paradies?

Feuchtwarmes Wetter empfängt uns, als wir den Flughafen von San Jose verlassen. Begrüßt werden wir von Rebecca und Victor, mit denen wir zu zehnt, in einem kleinen Bus, reichlich 2000 km bis zu den Grenzen von Nicaragua und Panama und vom Pazifik bis zur Karibik unterwegs sein werden. Wind und Regen, sengende Hitze und immer auch diese feuchte, schwüle Luft, werden unsere Begleiter sein. Unter fachkundiger Führung lernen wir Interessantes über Fauna und Flora, über Wirtschaft und Politik und über die Menschen in diesem so gegensätzlichen Land kennen. Wir wandern durch Regenwald und Dschungel, über schwankende Hängebrücken (die niemals vom deutschen TÜV abgenommen werden würden) und vulkanische Landschaften und können uns kaum satt sehen an dieser faszinierenden Natur, der Vielzahl an Pflanzen, Blüten, Vögeln, Fröschen, Echsen, Schlangen und Schmetterlingen. Mitten in der Natur übernachten wir in Zelten, im Baumhaus oder in Bungalows und lassen uns von den Zikaden, dem Plätschern eines Gebirgsbaches oder der Meeresbrandung in den Schlaf singen. Der Wechsel von Tag und Nacht geht schnell vonstatten und schon vor 6.00 Uhr wecken uns kreischende Papageien, Brüllaffen und sonstige tierische Geräusche. Und dann geht's wieder los ; vorbei an endlosen Annanas-, Bananen- und Ölpalmenplantagen, Zuckerrohr-, Reis- und

Maniokfeldern und links und rechts der Straßen immer wieder auch an den armseligen Hütten der Landbevölkerung. Korruption, hohe Arbeitslosigkeit und Kriminalität und ein auffälliger Gegensatz von Arm und Reich überschatten die Schönheit des Landes. Auf der Jagd nach Macht und Geld scheinen hier alle Mittel recht zu sein. Mit Kettensäge, Giftspritze und Rauschgift droht einem Paradies der Kollaps. Wenn menschliche Vernunft nicht bald Einzug hält und der Zerstörung Einhalt gebietet, dann wird man Costa Rica in 100 Jahren nicht wiedererkennen. In Anbetracht dessen, was wir erleben durften, wäre das jammerschade.

Singapur, ein funkelnder Stern am Südzipfel von Malaysia

Wer von Deutschland nach Australien oder Neuseeland reisen möchte, macht oft einen Zwischenstopp in Singapur. Der Stadtstaat mit vierundfünfzig kleinen Nebeninseln wird auch als asiatische Gartenstadt bezeichnet. Wenn man im großen Orchideengarten unterwegs war, die gigantischen Botanischen Gärten unter Glas, den »Flower Dome« und den »Cloud Forest« oder die »Gardens by the Bay« begangen hat, wird einem das schnell klar. Außerdem habe ich noch keine Stadt auf der Welt gesehen, die trotz der großen Nationalitätenvielfalt so sauber und sicher war wie Singapur. Um die drei Millionen Menschen leben hier friedlich, respekt- und rücksichtsvoll miteinander. Neben Chinatown, Little India, Malai Market und Arab Street beeindrucken natürlich auch die vielen Wolkenkratzer der Handels-, Finanz- und Dienstleistungsgiganten.

Bei einer Bootsfahrt auf dem Singapur River kann man ganz entspannt die tollen Eindrücke auf sich wirken lassen. Weitere Highlights sind eine Runde mit einem der größten Riesenräder der Welt zu drehen oder auf der Aussichtsplattform des Marina Bay Sands Hotels von der 57. Etage einen wunderbaren Rundumblick auf Stadt und Meer zu genießen. In der selben Höhe, gleich nebenan, kann man das als Hotelgast auch vom Swimmingpool aus tun.

Natürlich ist die Formel-1-Rennstrecke, die sich mitten durch die City schlängelt, zu sehen, und bei Einbruch der Dunkelheit gibt es mit Licht-, Laser- und Musikshows schon die nächsten Höhepunkte. Entlang des Flusses, in dem sich die Lichter der Gebäude spiegeln, vorbei an gefüllten Restaurants und gut frequentierten Imbissständen, gehen wir zu Fuß zurück zu unserem Hotel. Mehr ging bei diesem feuchtwarmen Klima und in der Kürze der Zeit wirklich nicht. Zwei mal zwei Tage im Abstand von zehn Jahren durfte ich diese besondere Stadt beschnuppern. Vieles habe ich wiedererkannt und vieles neu Entstandene jetzt gesehen. Und falls es sich noch einmal ergibt, werde ich mich wieder verzaubern lassen von diesem funkelnden Stern Südost Asiens.

Botschaft

Du, der das Universum erschaffen hat und die Erde,
schicke deine Engel zu den Menschen hin –
überall auf der Welt.
Schicke ihnen die Botschaft vom friedlichen Miteinander,
von Respekt und Toleranz, und von der Liebe.
Vermittle ihnen die Einsicht,
dass der kurze Moment ihres Daseins
zu schade ist für Hass, Gewalt und Zerstörung.
Gib ihnen zu verstehen, das sie dankbar sein müssten
in einem Lebensraum existieren zu dürfen,
den es so kein zweites Mal gibt und
auch nirgendwo anders geben wird.
Lasse kundtun, dass alles Gute gut bleibt
und alles Böse niemals gut wird,
weder hier und jetzt noch irgendwo.

Unser Planet

Durch die einzigartige Entstehung, der Schöpfung dieser, unserer Erde waren im Prinzip die Grundlagen des Lebens schon da. Eine beispiellose Entwicklung nahm ihren Lauf. Innere und äußere Einflüsse machten sie im Laufe von vielen Millionen Jahren zu dem was sie heute ist. Es ist ein Reifeprozess, der bis heute noch nicht abgeschlossen ist. Irgendwann kam der Mensch ins Spiel, eine Spezies, einmalig, mit ganz besonderen Eigenschaften und Fähigkeiten. Von da an sollten sich, erdgeschichtlich gesehen, in relativ kurzer Zeit grandiose Veränderungen vollziehen. Dieser Mensch, mit seinem Denken, mit seiner Anatomie, hat es bis heute leider geschafft, das Gleichgewicht auf diesem Planeten schon großflächig zu zerstören. Trotz allem, was in der Vergangenheit alles geschehen ist, war er nicht in der Lage die richtigen Lehren zu ziehen und seine Fehler zu korrigieren. Das Manko sind seine Süchte, seine Unbelehrbarkeit und seine Dummheit. Viele Menschen haben es erkannt, haben begriffen worauf es jetzt ankommt und handeln auch dementsprechend; doch sie sind leider in der Minderheit. Und so bewegt sich alles auf eine Katastrophe zu – die »Übermenschen« sind dabei ihr Geschenk, ihren Lebensraum zu zerstören. Ob es dann noch eine Chance für uns gibt, das steht in den Sternen.

Brücken

Brücken verbinden. Von einem Ufer zum andern,
kann man drüber fahren oder auch wandern.
Brücken über Schluchten, über Gewässer
sind der schnellste Weg, es geht kaum besser.
Auch Brücken zwischen so manchen Bauwerken
können Wege verkürzen und die Stabilität verstärken.
Durch eine Brücke zwischen zwei Klemmen,
ist der Stromfluss nicht mehr zu hemmen.
Selbst mit Schläuchen, Rohren, Drähten, Stricken
Lässt sich manche Strecke überbrücken.
Im Bergbau kann man durch Förderbrücken
ganze Landschaften jetzt verrücken.
Und Luftbrücken, da kann ich wetten,
können immer noch Leben retten.
Pannen bei Live-Sendungen oder Theaterstücken
lassen sich oftmals spontan überbrücken.
Brücken bauen, um zu verstehen,
viele Wege können Menschen gehen.
Soll im Leben etwas gelingen,
muss man oft Brücken zur Anwendung bringen.
Manch Brücken baut auch die Natur,
führt uns so auf die richtige Spur.
Ein Baumstamm, der den Bach überbrückt,
hat manch kleines Tier schon entzückt.

Erreichen kann man durch Brücken viel,
irgendwie führen sie immer zum Ziel.
Brücken sind, wie ich's jetzt seh,
der beste Weg von A nach B.

Reichtum des Lebens

Die Jahreszeiten kommen und gehen,
die Zeit eilt vorwärts gnadenlos,
du wirst es merken, wirst es sehen,
die Änderungen sind grandios.

Des Menschen Leben ist begrenzt,
ist irgendwann zu Ende,
auch wenn du den Zeitpunkt noch nicht kennst,
benutze Geist und Hände.

Die Zeit der Rückschau, sie wird kommen,
hast viel erlebt und auch erfahren,
manch Tal durchwandert, manch Gipfel erklommen.
Bist du jetzt alt – oder nur reich an Jahren?

Die Existenzfrage

Der primärste Instinkt des Menschen, der sich später als Wille und Wunsch manifestiert, ist es zu leben und zu überleben. Nach seiner Geburt wird dies vorerst durch andere Menschen ermöglicht. Ist aber die Zeit gekommen, wo er selbst in der Lage ist, sein Leben fortzuführen, wird er mit allen Mitteln versuchen es auch zu erhalten. Die Anlagen seines Körpers, die Fähigkeit zu denken und das in vergangener Zeit erworbene Wissen werden ihn dazu befähigen. Im Verband mit anderen Menschen, z.B. einer Familie, einer Gemeinschaft oder eines ganzen Staates, wird ihm das erleichtert. Je nach Intelligenz, Geschicklichkeit, Talent und körperlicher Verfassung wird ihm im Idealfall das Leben und Überleben mehr oder weniger leicht fallen. Diesen Idealfall von nur positiven Einwirkungen gibt es aber leider nicht, denn vielfältige Einflüsse negativer Art werden eine ungehinderte, ständige Fortführung des Lebens zu stoppen versuchen. Leben ist also auch immer ein Kampf ums Leben – bedeutet immer auf der Hut, immer aktiv und wehrhaft zu sein. Nach einer gewissen Lebenszeit werden die geistigen Fähigkeiten, das Erlernte und die Erfahrungen auch die Länge eines Menschenlebens maßgeblich mitbestimmen. Je friedlicher und natürlicher das Lebensumfeld dabei ist, desto höher wird auch die durchschnittliche Lebenserwartung sein.

Leider ist aber zur Zeit die Menschheit, wider besseren Wissens, auf dem besten Weg durch diverse Machenschaften dafür zu sorgen, das Leben auf dieser Erde, unserem einzigen Lebensraum, zu gefährden. Entwicklung und Fortschritt, die eigentlich dem Wohle des Menschen dienen sollten (ein leichteres, glücklicheres und längeres Leben) scheinen sich ins Gegenteil zu kehren. Machtgehabe, Neid und Gier, Egoismus und Rücksichtslosigkeit der gleichen Spezies verseuchen immer mehr die Gesellschaft. Der moralische Verfall droht zum Zünglein an der Waage zu werden und kann den Fortbestand allen Lebens auf diesen Planeten gefährden, selbigen sogar zerstören.

Lebe dein Leben

Und der Wind, der schiebt die Wolken weg,
nichts wird mehr so sein wie's war,
Wahrhaftigkeit bringt uns der Augenblick
und viel zu schnell vergeht das Jahr.

Wie ein Theaterstück ist unser Leben,
geplant, geordnet bis zum Schluss,
es scheint, es sei vorausbestimmt
und alles kommt, wie's kommen muss.

Der Frühling ist schnell abgeblüht,
der ganze Sommer voll von Gefahr
und manches Blatt fiel vor der Zeit,
lang bevor es Winter war.

Was morgen ist, ist ungewiss,
leb heute, jetzt und hier,
pack am Schopfe, die Gelegenheit,
wenn sie kommt, dann gönn sie dir.

Septemberende

Abends wenn die Sonne sinkt,
im warmen Gold die Flur bescheint,
launiger Wind schon Blätter treibt,
hör ich, wie leise der Sommer weint.

Pilzgeruch zieht durch die Wälder,
Hirsche röhrn im Dämmerlicht,
der Herbst kriecht aus den Wiesen,
ihn interessiert der Sommer nicht.

Den wilden Wein, den färbt er rot
und gelb die Birkenblätter,
schickt Regenschauer über's Land,
bestimmt ab jetzt das Wetter.

Und wenn die Morgennebel weichen,
nach kühler, feuchter Nacht,
dann malt er satte Farben,
welch ungeahnte Pracht.

Septemberende, Herbstanfang,
es steht die Zeit in neuem Licht,
die Vögel streiten in den Bäumen,
ob sie auch hält, was er verspricht.

Eine Reise zum fünften Kontinent

Als ich vor Jahren über Australien flog und unter mir diese triste Landmasse sah, wo es nur an den Rändern mehr oder weniger breite grüne Flächen gab und der Rest sich als eine wüsten- und steppenartige, ebene, in allen Braunschattierungen leuchtende Fläche darstellte, konnte ich mir nicht vorstellen, dass ich dieses Land jemals bereisen würde. Außerdem soll es dort auch die giftigsten Tiere der Erde geben. Doch je mehr ich mich mit dem kleinsten Kontinent oder dieser größten Insel der Erde beschäftigte, um so neugieriger wurde ich und es kam die Zeit, dass wir wissen wollten, was liegt da zwischen dem Pazifischen und dem Indischen Ozean. Also machten wir uns schließlich Anfang Oktober auf die Socken, oder besser, auf die lange Flugreise. Von Melburne aus, im Süden, begann unsere Entdeckungsreise, die, das war uns klar, in knapp vier Wochen nur Stichpunktartig durch dieses riesige Land erfolgen konnte. Zuerst ging es erst einmal nach Tasmanien, Australiens grüner Oase und größter Insel. Mit seinen dichten Urwäldern, unberührter Wildnis und zerklüfteten Felsküsten fühlt man sich wie an der Wiege der Menschheit und ein bisschen wie im Paradies. Die Natur ist dort einfach großartig. Auch die Tierwelt, voran der Tasmanische Teufel, ist hier einmalig. Auch das Klima ist jetzt im späten Frühling, wo es noch Nachtfröste geben kann, ganz anders als auf der großen, kontinentalen

Landmasse, die schon mächtig aufgeheizt ist. Um den Erdteil weiter zu erkunden, legen wir große Strecken mit dem Ghan, einem nostalgischen Zug oder mit dem Flugzeug zurück. Wohin wir auch kommen, überall begegnen uns freundliche, hilfsbereite Menschen. Zu neunzig Prozent haben sie europäische Wurzeln. Die Aborigines, die australischen Ureinwohner, stellen mit zwei Prozent die Minderheit dar und leben relativ abgesondert und unter sich. Sie wollen mit den »Weißen« nicht viel zu tun haben und treten hauptsächlich durch ihre künstlerischen Fabrikate in Erscheinung.

Der Grund aber für unsere Reise sind hauptsächlich Fauna und Flora, die speziellen Landschaften und die faszinierenden Städte. Eukalyptusbäume, zahllose Blumenarten, natürlich Kängurus, Koalas und Krokodile, 720 verschiedene und zum Teil einmalige Vogelarten, wie den »Lachenden Hans«, oder den Emu, eines der australischen Wappentiere, die vielen Bewohner des Meeres, der Uluru (Ayers Rock), das Heiligtum der Aborigines und das Wahrzeichen Australiens schlechthin und natürlich Sydney, die Stadt der Städte. All das, im wechselnden Licht der Tageszeiten, und die kleinen Abstecher von der Reiseroute haben großartige, unvergessliche Eindrücke hinterlassen. Australien, ich hatte dich unterschätzt! Und jetzt, als alle Welt durch die Medien von den riesigen Waldbränden seit Ende Oktober 2019 erfuhr, tut mir die Seele weh ob der großen Schäden für Mensch und Natur, und die Folgen des globalen Klimawandels machen mich fassungslos und traurig. Ich hoffe nur, dass sich alles wieder zum Guten wendet und dass noch viele Generationen diese unfassbar schöne Erde beschauen und erleben können.

Der Atem des Herbstes

Wenn sich im Feuer des Abends der Tag verabschiedet und auf dem Hof die Mücken unter der alten Buche tanzen, wenn der steigende Mond schon Nachtkühle vom Himmel haucht und die Trompetenblumen ihren süßen Duft in die Dämmrigkeit entsenden, dann spüre ich den Wandel einer Jahreszeit.

Der Tagwind hat seine Kraft verloren und wiegt nun sanft die greisen Blätter und die letzten Rosen in den Schlaf. Kraniche ziehen unter violetten Wolken ins Nachtquartier und grüßen die Menschen, die noch draußen sind. Es ist der späte Sommer, der mit uns spricht, der uns vom Herbst erzählt. Und wenn ich die Augen schließe und tief die Luft einsauge, dann spüre ich tatsächlich schon seinen Atem.

Hoffnung

Nun ist er da, mit Rot und Gelb und Braun im Haar,
der Herbst kommt über's Land gezogen.
Silbern glänzen Wassertropfen, golden funkelt es sogar,
und schillernd wölbt sich hoch ein Regenbogen,
welch eine Pracht, in diesem Jahr.

Auf wilden Astern, die die Wege säumen,
taumelt noch manch Schmetterling,
manch Apfel lugt noch aus den Bäumen,
noch manch Mäuschen sich der Bussard fing.

Auf den Zweigen sitzen Starenscharen,
planen lautstark ihre weite Reise,
ich weiß nicht, ob es je so viele waren,
hör ihnen zu und bin ganz leise.

Der frühe Abend stellt die Weichen,
die Kraniche, sie ziehn zum Weiher
und an abgefischten Teichen,
stehn fassungslos die Reiher.

Nichts ist für die Ewigkeit, bleibt so wie es war,
der Frost kam über Nacht, macht's uns deutlich klar.
Die letzte Rose ist zerfallen, die Bäume sind fast kahl,
die Zeit, sie ist im Wandel, gibt uns Hoffnung allemal.

Herbst – Fälle

Das alternde Jahr verliert seine Haare,
pflastert die Wege rings umher,
von den Bäumen fallen die Früchte,
bald steh'n sie kahl und leer.

Der Wind bläst zum Finale,
der Maler ist im Farbenrausch,
und es klingt schon sehr nach Abschied,
wenn ich den Starendialogen lausch.

Nebel hüll'n die Landschaft,
länger wird die dunkle Zeit,
auch vom Kalender fall'n die Blätter,
das Jahr fällt in die Vergangenheit.

Die Staupitzer «Luthereiche»

Es ist wohl schon über zwanzig Jahre her, als ich auf einer Müllkippe eine junge Eiche entdeckte. Zwischen Abrisssteinen, kaputten Gläsern und Blumentöpfen wuchs sie sicherlich auch schon einige Zeit kerzengerade dem Licht entgegen. Sie gefiel mir und sie tat mir leid, und da ich befürchtete, dass sie beim nächsten Müllabwurf beschädigt oder gar zugeschüttet werden würde (denn Umweltsünder gab es damals wie heute), grub ich sie aus und nahm sie mit nach Hause. Ich hatte sowieso vor, auf meinem Grundstück einen kleinen Park anzulegen – also, warum nicht eine Eiche pflanzen?

Meine »Mülleiche« wuchs in der guten Gartenerde prächtig und nach einigen Jahren trug sie schon erste Früchte. Mittlerweile hat sie Buchen, Birken, Linden und Ahornbäume als Nachbarn, und Eichelhäher stellen sich zur Ernte ein. Anfangs unbemerkt wuchsen bald Kinder der Eiche in ihrem Umfeld auf. Gegen den Rasenmäher hatten sie aber keine Chance – bis auf eine, sie wuchs unbemerkt im Schutze der Heckenrosen. Als ich sie das erste Mal entdeckte, war sie schon über einen Meter hoch. Vorerst störte sie keinen und ich ließ sie wachsen, bis zu diesem Jahr. Just zum 500. Jahrestag der Reformation fiel sie mir wieder auf, wie sie mittlerweile schon etwa vier Meter hoch war. Jetzt musste sie endlich weg, viel zu nah stand sie bei den großen Nachbarbäumen. Mir kam die Idee, dieses Bäumchen nicht einfach abzuhauen sondern zu retten und es zu Ehren Martin Luthers und seiner Reformation irgendwo an einem schönen Platz im Dorf einzupflanzen. Bei einem Treffen mit Naturfreunden brachte ich diesen Vorschlag ein. Da kein geeigneter Platz auf Gemeindegrund gefunden wurde, pflanzten wir sie kurzerhand auf Kirchenland. Das hätte Luther gefallen, denn auch er war, wie ein berühmtes Zitat belegt, dem Baumpflanzen nicht abgeneigt, auch wenn es noch kurz vorm Jüngsten Gericht sein sollte. Wir hingegen haben die Hoffnung, dass unsere Eiche viele Jahrhunderte ungestört und in Frieden aufwächst und dass vielleicht zum 1000. Jahrestag der Reformation die Menschen unter ihrem Blätterdach genau solche schönen Stunden erleben können wie wir Menschen an diesem 31. Oktober 2017. Mit lutherischem Mut, mit den Lehren aus der Vergangenheit, mit den Erkenntnissen von heute und der Vernunft von morgen, könnte dies gelingen.

Novembermorgen

Die Nacht hat Gräser gefroren und die Blätter am Boden mit Raureif belegt. Durch die Kiefernspitzen des nahen Waldes blinzelt schon die Sonne – eine schöne Zeit für einen Morgenspaziergang mit Fotoapparat. Gestiefelt und winterlich gekleidet mache ich mich auf den Weg. In den vergangenen Tagen wurde das Feld hinter den Häusern gepflügt und gegrubbert. Einer verbliebenen Spurrille, die später ein Trampelpfad sein wird, folge ich bis zum Waldrand. Sonnenstrahlen fluten wie Laserlicht durch die Bäume und verdampfen die Feuchtigkeit der Nacht. Ein wunderbares Motiv. Unter meinen Füßen raschelt das Laub, welches teppichartig die Wege bedeckt. Die Laubbäume am Rande der Lichtungen posieren mit ihrer Restbekleidung wie Models bei einer Nachtwäscheschau. Hoppla, da hab ich jetzt zwei Rehe aufgescheucht. Mit flotten Sprüngen durch den vergilbten Farn verschwinden sie wieder im Unterholz. Und da, es gibt sogar noch Pilze die neugierig durch's Moos lugen und vielleicht noch gefunden werden wollen. Keine Menschenseele treffe ich, obwohl es so früh nun auch wieder nicht ist. Okay, es ist Wochentag und die jüngere Bevölkerung ist meist zur Arbeit. Aber die Vorruheständler, Rentner und die, die keinen Job haben, von denen treffe ich auch keinen – wissen die denn nicht, dass Bewegung ein Allheilmittel ist? Wie auch immer, ich habe den Spaziergang genossen und schöne Fotos gemacht. Heute Morgen hatte ich wieder mal einen tollen Arbeitsplatz, konnte das Angenehme mit dem Nützlichen verbinden, die frische Luft und die Ruhe genießen. Apropos Ruhe, als ich den Wald verlasse, ist es mit dieser auch schon vorbei. Die Geräusche der Menschen empfangen mich. In etwas weiterer Entfernung jault eine Motorkettensäge, vom Spielplatz des Kindergartens klingt das Stimmengewirr unserer Jüngsten herüber und von der Landstraße die Geräusche der Kraftfahrzeuge. Ja, der Alltag hat mich wieder.

Bevor ich den Treckerspurenfeldweg wieder betrete, schaue ich mir unser Dorf, dessen Häuserdächer sonnenbeschienen durch die Bepflanzungen leuchten, noch mal ganz in Ruhe an. Es ist ein faszinierender Anblick jetzt im Herbst, bei diesem Wetter, in dieser friedlichen Zeit.

Novemberblues

Draußen entkleiden sich die Bäume,
kahl und nackt sind sie bald,
bereiten sich vor auf den langen Schlaf
und auf die kalten Träume.

Der Wind bläst Blätter durch die Gassen,
man hört sie klagen auf Schritt und Tritt,
ihr Ende naht, wie in jedem Jahr,
muss der Zeit ihren Lauf jetzt lassen.

Und abends, wenn die Nebel sinken,
Feuchtigkeit in alle Ritzen kriecht,
wenn im Frost die letzten Blumen sterben,
dann ist's des Herbstes Abschiedswinken.

Der gute Winter

Langsam senkt sich der Abend nieder,
die Nacht nimmt alle Hastigkeit,
das Jahr bettet seine müden Glieder,
es ist am Ende seiner Zeit.

Ein kalter Wind fegt über's Land,
im Frost erstarrt das Leben,
ich spür des Winters starke Hand,
ahne schon sein Machtbestreben.

Mit Eis und Schnee wird er bedecken
die Erde mit der neuen Saat,
lässt sie ruhen bis zum Wecken,
das ist wahrlich eine gute Tat.

Manchmal braucht man einen Schutzengel

Die Begebenheit trug sich Anfang der 1960iger Jahre, zirka vier Wochen vor Weihnachten zu. Mein Cousin und ich, wir waren Waldkinder. Das Dorf, in dem wir aufgewachsen sind, ist umgeben von Wald. Was in der heutigen Zeit als Waldbaden, also Bewegung in gesunder Waldluft, bezeichnet wird und als neuster Trend auch eine Vermarktung erfährt, war früher für uns eine tägliche Selbstverständlichkeit. Die Natur war der größte und schönste Spielplatz für uns Kinder, für den wir weder eine Erlaubnis noch Geld brauchten, um ihn zu betreten. Also, das Jahr neigte sich seinem Ende zu und die Adventszeit war greifbar nahe. Eine gewisse Vorfreude auf das Weihnachtsfest beseelte unsere Herzen. Wir waren in dem Alter, in dem man nicht mehr an den Weihnachtsmann glaubte und sich obendrein schon Gedanken über einen schönen Weihnachtsbaum zum Fest machte. Neben der Übermacht an Kiefern, gab es auch eine Menge Birken und Pappeln aber auch riesige Eichen, Buchen und Fichten in den Wäldern. Die Fichte war zur damaligen Zeit bei uns in der Niederlausitz der Weihnachtsbaum der Wahl. Sie wuchsen sie in allen Größen, sogar in kleinen Plantagen. Wir waren also, so kurz vor'm Fest, auf der Suche nach ein paar schönen Exemplaren, die dann die Stube schmücken sollten. An einem Nachmittag, gleich nach der Schule, verabredeten wir uns, um in der näheren Umgebung fündig zu werden. Wir wussten, dass es in einer nahegelegenen Kiefernschonung, in der wir als Knirpse schon Räuber und Gendarm spielten, auch Fichten gab. Mittlerweile waren die Kiefern schon zu stattlichen Jungbäumen herangewachsen und überragten unsere »Weihnachtsbäume« beträchtlich, sodass wir uns durch's Unterholz drücken mussten, um welche zu finden. Dies stellte sich jedoch als mühselig und zeitaufwendig heraus. Wir überlegten nun wie wir wegen des schwindenden Tageslichts die Suche beschleunigen könnten. Unsere Idee war, einfach auf die höchsten Kiefern zu klettern und uns somit einen guten Überblick von oben zu verschaffen. Gesagt, getan. Da mein Cousin Hagen etwas kleiner und leichter war, kletterte er die Bäume hinauf. An einigen Stellen hatten wir es schon versucht, allerdings ohne erfolgreich zu sein. Klettere beim nächsten Baum einfach höher schlug ich vor, dann kannst du weiter gucken. Leider verkleinert sich der Stammdurchmesser in Richtung Spitze beträchtlich und alles wird biegsamer. Als Hagen auf seinem Ausguck wieder mal keine Fichte orten konnte, rief ich ihm zu: » Klettere noch ein Stück höher, vielleicht siehst du dann was«. Noch ein Stück und noch ein wenig und dann machte es knack – die Katastrophe war eingetreten. Bei aufkommenden Wind hielt das dünne Holz das Gewicht des Jungen nicht mehr stand und brach unter seinen Füßen ab. Aus einer Höhe von etwa sechs Metern fiel er, festgeklammert am nadeligen Baumende, in Richtung Waldboden. Mit dem Rücken landete er auf einem alten Stubben des vor etlichen

Jahren abgeholzten Hochwaldes. Ein Schrei, und dann war Ruhe. Bewegungslos lag Hagen da; durch den Aufprall war ihm die Luft weggeblieben. Er atmete einfach nicht mehr. Ich war geschockt und wusste nicht gleich, was ich machen sollte. Dann hob ich in an, schüttelte ihn und rief immerzu seinen Namen. Todesangst überkam mich. Die Sekunden wurden zu einer unendlich langen Zeit. Plötzlich ein Stöhnen und Jammern – er lebte! Ich half ihm beim Aufstehen und tastete seine sämtlichen Knochen ab. Es schien alles heil zu sein. Gott sei Dank, wir waren noch einmal mit dem Schrecken davongekommen. Nach einer Weile machten wir uns auf den Heimweg, ohne einen Weihnachtsbaum gefunden zu haben. Aber das war gar nicht mehr wichtig. Wichtig war, dass es uns gut ging. Unterwegs lachten wir schon wieder und analysierten den »freien Fall«. Vom »Waldunfall« haben wir den Erwachsenen lange nichts erzählt. Unseren Freunden dagegen schon, denn der war ja das besondere Ereignis so kurz vor Weihnachten. Es war gewissermaßen eine mutige, wenn auch leichtsinnige, Aktion, die wir nicht mehr zur Nachahmung empfehlen würden. Als wir erwachsen waren, redeten und lachten wir in geselliger Runde noch so manches Mal über Vorfälle und Streiche aus längst vergangenen Zeiten und über die angebliche »Volksweisheit«, dass Betrunkene und Kinder meist Glück haben. Heute denke ich, dass Hagen nicht nur Glück hatte, sondern auch einen Schutzengel.

Mein Lieblingsmonat

Dezember, Dezember, mit dir vergeht das Jahr,
die Tage werden kürzer, es ist nichts mehr wie's war.
Verblüht sind letzte Rosen, die Blätter sind nun braun,
und hinter Fenstern der Adventsschmuck,
ist herrlich anzuschaun.

In den Häusern ist's gemütlich, es prasselt der Kamin,
und ganz besondre Düfte jetzt durch die Räume ziehn.
Kinderlachen, stille Freude und so manche Heimlichkeit,
am grünen Kranze brennen Kerzen,
in der schönen Weihnachtszeit.

Draußen wird es frostig, es fällt der erste Schnee,
vereist sind bald die Bäche und der große See.
Die Bäume in den Fluren, haben weiße Mützen auf,
ein Riesenspaß macht jetzt das Rodeln
und ein langer Schneeschuhlauf.

Dezember, Dezember, du hast die längste Nacht,
lässt die schönsten Lichter leuchten
und die größte Sternenpracht.
Du bringst uns viel Geschenke,
schenkst uns den einen Tag,
du bist für mich der Monat, den ich am meisten mag.

Weihnachtseuphorie

Der Sommer ist vorbei – na ja, bis auf einen Dreitagesrest.
Hab ich mich jetzt verhört,
reden da schon welche vom Weihnachtsfest?
Es ist Ende September, ich könnte fluchen,
in manchen Regalen steht schon der Pfefferkuchen.
Ende Oktober hat's auch der Letzte kapiert,
in den Schaufenstern wird schon umdekoriert.
Kaum sind auf den Friedhöfen die Gräber geschmückt,
da öffnen die ersten Weihnachtsmärkte –
das ist doch verrückt!
Man schlägt die Werbetrommel, bläst kräftig ins Horn,
draußen wächst das Gras noch,
es hat noch nicht mal gefrohr'n.
Auf den Märkten ist Wuhling, man isst und man trinkt,
man bringt sich in Stimmung
und das Christkindlein winkt.
Es ist noch nicht mal Dezember, noch nicht mal Advent,
bin ich von gestern, ist das jetzt der Trend?
Kauft Leute, kauft, was soll denn der Geiz,
haut das Geld auf den Kopf oder schafft's in die Schweiz.
Wer weiß, wie lange es den Euro noch gibt,
welcher Staat ist als nächster Pleite?
Die Banken zocken weiter, die Politik schaut zu,
die Gauner suchen das Weite.

Doch heute ist heute und morgen ist morgen,
nun ist es endlich so weit,
ich stürz mich jetzt auch ins Getümmel –
fröhliche Weihnachtszeit.

Erinnerungen und Gedanken zur Weihnachtszeit

Ich war noch ein Kind, und es war die Zeit, in der man deutlich merkte, dass die Tage kürzer wurden, in der sich das Leben in der Natur, in den Städten und Dörfern veränderte. Die Blätter der Bäume begannen sich zu färben und bedeckten schon reichlich den Boden. Die Ernte auf den Feldern und in den Gärten war beendet und alles wurde sicher vor Frösten verstaut. Eines Abends, die Familie saß beim Abendbrot, sagte auf einmal der Sprecher im Radio, dass es nur noch acht Wochen bis Weihnachten wären. Diese Worte weckten in mir eine unbändige Vorfreude. Acht Wochen, welch eine magische Zahl – sie kommt gleich nach der Sieben. Acht Wochen dauerten früher die Sommerferien – für uns Kinder damals eine ewige Zeit. Auch die acht Wochen vor Weihnachten wollten und wollten nicht vergehen. Reichlich dreißig Tage sollte es noch dauern, ehe das erste Türchen des Adventskalenders geöffnet werden durfte; dann wäre sozusagen die erste Etappe schon geschafft. Doch eigentlich erst ab dem fünften Dezember, dem »Tag der Schuhputzer« und dem darauffolgenden Nikolaustag wurde so richtig deutlich, nun ist es bis zum Heiligen Abend und den Weihnachtsfeiertagen nicht mehr weit. Frost und Schnee gab es schon, aber leider, oder für manchen Gott sei Dank, nicht von Dauer. Es war in jeder Hinsicht eine besondere Zeit, die letzte Zeit des Jahres, die Adventszeit. Die Tage und Abende waren ausgefüllt mit Kerzenschein und Heimlichkeiten, es roch nach frischem Gebäck und Bratäpfeln, nach Glühwein und Opas Tabakspfeife. Mutter buk Stollen und vom Teig auf dem großen Holzbrett durften wir Kinder die Plätzchen ausstechen.

Draußen schneite es wieder, und mit dem Schnee ließ sich allerhand anfangen. Und so vergingen die Tage und bald würde auch die vierte Kerze am Kranz angezündet werden. Es war allerhöchste Zeit für letzte Einkäufe, die Bastelarbeiten zu beenden, die Geschenke zu verpacken und den Weihnachtsbaum zu besorgen.

Dieses besondere Gefühl, dieses intensive Leben, füreinander da sein, aneinander denken, Glück, Zufriedenheit, Ruhe, Besinnlichkeit – einfach Freude auf ein paar Tage am Ende des Jahres, befällt die Menschen immer wieder wie ein Wunder. Das war damals so und trifft auch heute noch zu.

Die Last der vergangenen Monate, mit all ihren Pflichten und Aufgaben, mit all ihren Ängsten und Sorgen, mit all ihren Erlebnissen, möchte sich von uns lösen. Die Hoffnung auf ein gutes Ende und einen zuversichtlichen Neuanfang reift gerade jetzt kurz vor dem Weihnachtsfest. Und dann in der Kirche am Heiligen Abend hören wir es wieder – es ist euch der Heiland geboren, Jesus Christus der Retter ist da. Wieder erkennen wir, was wirklich wichtig ist im Leben und auf dieser Erde, und deswegen ist Weihnachten mit allem

Davor und Danach so bedeutsam für uns. Nirgendwo sind wir Ende und Anfang so nah, und zu keiner anderen Zeit wird uns dies so bewusst wie jetzt.

Winterspaziergang

Es ist Anfang Dezember Zweitausendelf. Der Waldweg, den ich begehe, kreuzt sich an einer Wiese über die, just in diesem Augenblick, quarrend zwei Krähen fliegen. Keine Menschenseele treffe ich an diesem frühen Nachmittag.
Ich gehe weiter auf dem mit braunem Laub und Kiefernnadeln bedeckten Weg, von dessen Rändern sich abgestorbener Adlerfarn in den Wald hinein ausgebreitet hat. An einer alten Pappel hämmert sich ein Buntspecht an Nahrung heran – lässt sich durch meine Beobachtung nicht stören.
Winterlich sind die Temperaturen wahrlich nicht, so dass für jegliches Getier die Nahrungsbeschaffung bis jetzt kein Problem darstellte. Nach einem wettermäßig wunderschönen Herbst, der sich bis Ende November hinzog, hat es endlich wieder mal geregnet. Der Graben, der sich hier durch die Wiesen schlängelt, ist gut mit Wasser gefüllt. Ringsum machen sich Binsen breit, zeigen ein saures Milieu an. Der Grundwasserspiegel in dieser Gegend pegelt sich, nach dem Ende des Kohleabbaus vor cirka dreißig Jahren, allmählich wieder auf den ursprünglichen Stand ein. Wenn der Mensch nicht mehr eingreift, entwickelt sich die Natur wieder in Eigenregie.
Als ich den asphaltierten Fahrradweg, eine ehemalige Kohlenbahntrasse, erreiche, fallen mir die Wühlereien der Wildschweine auf. Die Schwarzkittel gibt es jetzt reichlich hier –

trotz etlicher Treibjagden zum Jahresende. Vielleicht sind sie zu schlau für die Jäger – alles Gedanken, die mir bei meinem Spaziergang so durch den Kopf gehen.

Im vergangenen Jahr zu dieser Zeit haben wir schon Berge von Schnee geschoben, und heute, da sieht es überall noch ziemlich grün aus. Hier und da leuchten sogar noch Preiselbeeren von den kleinen Sträuchern am Waldboden.

Für mich eine unerwartete Gaumenfreude so kurz vor Weihnachten.

Mittlerweile hat sich der Himmel verdunkelt – der nächste Schauer kündigt sich an. Jetzt aber schnell nach Hause, auf dem Trampelpfad gleich über's Feld – zurück in die warmen Räume.

Ereignisreiche Weihnachtszeit

Advent, Advent, alles rennt.
Die Weihnachtszeit verursacht Geschäftigkeit.
Kommt hierhin zum Staunen und dorthin zum Kaufen,
am Heiligen Abend könnt ihr dann verschnaufen.

Hängt in den Vorgarten die Lichterkette,
dann wallfahret in die Städte.
Ist das Auto dort endlich abgeparkt,
quetscht euch durch den Weihnachtsmarkt.
Kauft hier was und dort was, trinkt und esst,
jede Woche woanders, ist ja noch Zeit bis zum Fest.

Diese schönen Weihnachtslieder, alle Jahre wieder.
Und die vielen Kerzen, lauter Freude in den Herzen.
Der Euro rollt, man gönnt sich was,
trotz Krise macht das Leben Spaß.

Mit dem Steuerzahlergeld retten wir die Welt.
Wir helfen den Armen und den Kranken,
den Faulen und den Banken.
Bloß gut, dass die Politiker an alles dachten,
da sagen wir doch Danke – und frohe Weihnachten.

Dankbar für das Geschenk Gottes

Manchmal kommt es mir so vor, als leben wir nur von Termin zu Termin, und selbst im Urlaub haben wir jeden Tag ein neues Ziel, wollen so viel wie möglich erleben. Mehr oder weniger hetzen wir so durchs Leben. Auch jetzt in der Vorweihnachtszeit kehrt keine Ruhe ein. Im Gegenteil, es befällt uns eine gewisse Hektik, weil alles Mögliche noch erledigt werden muss und so manche Sache noch zum Abschluss kommen soll. Ist da die Gefahr nicht groß, am Leben vorbeizuleben?

In der heutigen Zeit, mit Internet, Handy, Smartphone und dem ganzen Zeugs, den vielen Zeitschriften, Werbeblättern, Radiosendern und Fernsehprogrammen, strömen so viele Informationen auf uns ein, dass von zur Ruhe kommen keine Rede mehr sein kann. Ist es wirklich so gut, immer auf den neusten Stand, immer vorn mit dabei zu sein, ständig am Ball, ja nichts zu verpassen? Machen wir uns da nicht zur Geißel des Fortschritts?

Es ist längst bewiesen, das dies auf Dauer nicht gut ist – nicht für die Gesundheit, nicht für Beziehungen, nicht für die Umwelt. Alles mögliche bleibt auf der Strecke!

Gerade jetzt, wo das Jahr zu Ende geht, vielleicht sogar gerade heute, am Heiligen Abend, kann ein günstiger Zeitpunkt sein, einmal über das alles nachzudenken. Die Geburt des Christuskindes soll uns dazu den Anlass geben. Sie soll uns die Botschaft verkünden, dass es trotz schwierigster Zustände und Bedingungen auch immer wieder Hoffnung gibt, mutig nach vorn zu schauen und eben nicht überall mitzumachen.

Verloren ist etwas nur, wenn man es aufgibt und so lange wie wir an etwas glauben, haben wir auch die Chance zu verändern.

Der Sohn Gottes, dessen Geburt die Zeit verändert hat, hat mit seinem Wirken den Geist der Menschheit beeinflusst, er hat Werte neu definiert. Der Glaube, von dem wir wissen, dass er Berge versetzen kann, ist ein wichtiger Eckpfeiler menschlichen Lebens. Seien wir dankbar, dass es diesen besonderen Tag der Weltgeschichte gegeben hat, nach dem nichts mehr war wie vorher. Und seien wir dankbar, dass wir in einem Land leben dürfen ohne Hunger und Krieg.

Freuen wir uns an diesem Geschenk in dieser hektischen, schnelllebigen Zeit.

Der Weihnachtsmanngehilfe

Vierundzwanzigster Dezember – Heiligabend. Hochkonjunktur für Weihnachtsmänner. Erwartungsvolle, fröhliche Kinder – gestresste Erwachsene. Klaus, der Nachbar meiner Schwester, sollte am Abend, als Weihnachtsmann verkleidet, deren Tochter bescheren. Klaus war ein lustiger Kerl, sprachgewandt und an der hiesigen Schule als Unterstufenlehrer tätig. Er war im Dorf beliebt und wurde für solche Anlässe gern gebucht.

Es war ein Tag wie er im Buche steht. Draußen lag Schnee und es herrschten frostige Temperaturen. Bei Schulzes hatte man Heu und Wasser vor die Hoftür gestellt, das die Pferde oder die Rentiere, die den großen Schlitten mit den Geschenken darauf zogen, sich während der Bescherung stärken konnten.

Mittlerweile war es schon dunkel geworden, die Christvesper war lange vorbei und eigentlich hätte Klaus schon da sein sollen. »Wann kommt denn endlich der Weihnachtsmann?« fragte das Kind nun schon zum wiederholten Male und seine Augen leuchteten dabei erwartungsvoll. »Jeden Moment muss er kommen«, trösteten sie die Eltern.

»Der Weihnachtsmann war doch immer pünktlich – nicht, dass was passiert ist bei diesem Wetter«, mutmaßte meine Mutter, die auch mit im Haus wohnte. Mein Schwager ging schon zum dritten Mal auf die Straße, um nachzusehen wo er denn bliebe. Man einigte sich darauf, dass Abendessen vorzuziehen und tröstete das Kind. Mitten beim Essen polterte es plötzlich im Hausflur und eine Glocke wurde ungestüm geläutet. Eine merkwürdig heisere Stimme rief nach den Bewohnern des Hauses. Sofort waren alle von den Stühlen; das Essen wurde unterbrochen, um nach dem »Alten« zu sehen. Mein Schwager war ihm schon entgegengegangen und hatte ihm schnell den Sack mit den Geschenken in die Hand gedrückt. Der schien aber so schwer zu sein, dass der bärtige Geselle in's Schwanken kam und fast die Treppe hinabstürzte. Der rote Mantel war voller Schnee, obwohl es draußen gar nicht mehr schneite, und die Zipfelmütze war ihm so weit in's Gesicht gerutscht, dass man kaum noch seine Augen sah. Als er endlich in der Stube stand wo der Weihnachtsbaum im schönsten Lichterglanz erstrahlte und von einer CD leise »Stille Nacht, heilige Nacht« erklang, hatte er Mühe, eine respekteinflößende Haltung einzunehmen. Er schwankte hin und her und brabbelte undeutlich artikulierte Worte durch seinen Rauschebart. Kein Zweifel, Klaus war betrunken und das erwartungsvolle Kind etwas verwirrt.

Als er endlich einigermaßen Haltung angenommen hatte, fing er an zu lallen: »I, ich bin Klaus, ää, ich meine, Saanta Claus und koo homme aus'n Wald wo Sch... Schnee auf den Taaannenspitzen leuchtet und wo's tief is und wo, wo keene Lichter blitzen – kaan ich euch sagen. Und jetz will ich noch wissen, o, ob ihr alle aartich jewesen seid«.

So einen Wehnachtsmann hatte noch keiner erlebt. Man setzte ihn sicherheitshalber auf einen Stuhl und war ihm beim Vorholen der Geschenke über alle Maßen behilflich. Ab und zu klopfte ihn mein Schwager, der auch die Namen auf den Anhängern vorlesen musste, auf die Schulter damit er nicht einschlief und wenigstens noch ab und zu ein tiefes oho, oho und nach einem Gedicht oder einem Liedchen der Beschenkten ein: » Da, das war aber schööön, daas is braaav« hervorbrachte. Als der Sack leer war, verlangte er dann lallend nach einer Flasche Bier, weil ihm angeblich wegen des vielen Sprechens die Zunge festklebte. Dies war dann auch der Zeitpunkt sich von ihm zu verabschieden. Mit dem Hinweis für die Anwesenden, dass ja noch etliche Kinder im Dorf auf die Bescherung warten, wurde er einfach beim Arm genommen und aus der Tür geschoben. Er wollte noch mit der Rute rumfuchteln, aber die hatte vorsichtshalber schon jemand festgehalten. Mit lautem Gepolter bugsierte man den betrunkenen Nachbarn die Treppe hinunter und anschließend gleich nach Hause.

»Das war aber ein komischer Weihnachtsmann, der war doof«, resümierte meine fünfjährige Nichte anschließend. Im nächsten Jahr möchte sie einen anderen. Wir machten ihr glaubhaft, dass es der richtige, der gute Weihnachtsmann wegen der vielen Kinder, die er bescheren müsste, nicht bis in unser Haus geschafft hat und er deswegen einen Weihnachtsmanngehilfen geschickt hat, und dass ein Gehilfe, sozusagen wie ein Schulanfänger ist – also noch viel lernen muss. Alle im Raum nickten der Kleinen verständnisvoll zu und bestätigten diese Erklärung. Na ja, sie nahm es zur Kenntnis und war dann doch froh, dass er wenigstens die gewünschten Geschenke gebracht hatte.

Das Geschenk

Wir nähern uns des Jahres Ende,
an kurzen Tagen man's erkennt,
und scheint am Kranz die erste Kerze
Kinder, dann ist schon Advent.

Oh, wie lange haben wir gewartet
auf die schöne Weihnachtszeit,
wie vermissten wir die Düfte,
Räuchermännchen, Heimlichkeit.

Der Nussknacker mit seinen Zähnen
knackt uns abends manche Nuss
und von Äpfeln aus der Röhre
gibt es einen heißen Kuss.

Pfefferkuchen, Plätzchen, Stollen
jetzt gibt's so viele leckre Sachen
und die altbekannten Lieder
und das schönste Kinderlachen.

Mit glitzerweißen Flocken
kündigt sich der Winter an,
verzaubert uns die Landschaft,
dass man es kaum fassen kann.

Manch Tannenbaum im Walde
hofft, dass es ihm glückt
bald zu stehen in warmer Stube,
schön beleuchtet und geschmückt.

Auf die Nacht der Nächte
warten Groß und Klein
und hoffen nun, das Christkind
möge recht spendabel sein.

Doch am Heiligen Abend,
wenn man es so recht bedenkt,
wurden ja vor langer Zeit
wir Menschen schon beschenkt.

Gottes Sohn ward uns geboren,
ein Glück für diese Welt.
Er schenkte seine Liebe,
das ist mehr als Gut und Geld.

Freud und Friede kehre ein
nicht nur jetzt zur Weihnachtszeit,
verschenken wir die Liebe weiter
auf der Erde weit und breit.

Jahresendwünsche

Das Jahr geht bald zu Ende
Seine Tage sprechen Bände.
Der Wandkalender ist ganz dünn,
Mensch, wo ist die Zeit nur hin.
Auch keine Ruhe im Advent,
alles wuselt, jeder rennt.
Überall klingeln jetzt die Glocken,
die tollsten Angebote locken.
Statt Besinnung ist man geschlaucht,
kauft Dinge, die keiner braucht.
Doch manchen ist das alles einerlei,
denen geht der Trubel am Arsch vorbei.
Jeder muss es für sich entscheiden,
zufrieden sein oder beneiden.
Frohe Weihnacht für alle, na klar,
und die besten Wünsche für's nächste Jahr.

Brauni, der Hund in der Chipstüte

Es war der letzte Tag des Jahres. Das Ehepaar Meier hatte ihre Tochter mit Familie zu sich nach Hause eingeladen, um gemeinsam in das neue Jahr hineinzufeiern. Die jungen Leute reisten schon am frühen Nachmittag an und wurden herzlich begrüßt. Natürlich auch von Brauni, dem Jack-Russel Terrier. Der kleine, quirlige, schon etwas ältere Jagdhundrüde freute sich immer, wenn er mit der Jugend ein bisschen rumtoben konnte. Nach dem Kaffeetrinken gab's noch einen kleinen Spaziergang und dann setzte man sich zum gemeinsamen Plaudern in die gemütliche Wohnstube. Mit einem Gläschen Wein und einigen Knabbereien verkürzte man sich die Zeit bis zum Abendessen, welches in einer Nationalitätengaststätte in der nahegelegenen Kleinstadt schon angemeldet war. Auch Brauni, der als Leckermaul bekannt war, bekam von den Nüsschen und Chips etwas ab. Die Stunden vergingen schnell. Draußen war es schon lange dunkel, und es wurde Zeit, zum Abendessen aufzubrechen. Wegen der zeitweiligen Knallerei, die hier und da schon zu hören war, durfte der Hund im Haus bleiben. Dieser Krach am Silvestertag ist generell für alle Hunde ein Graus, und es ist besser, sie von diesem Geschehen fern zu halten.

Bevor Herr Meier das Auto aus der Garage holte, gab es noch schnell ein paar Anweisungen für den Terrier, und dann ging's los. Brauni, der nun allein in der Wohnung war, konnte machen was er wollte und sich sozusagen auf Hundeart die Zeit vertreiben. Die Oma der Familie, die in der anderen Haushälfte wohnte und schon älter war, wollte sich am Silvesterabend lieber an den Fernseher setzen und sich von den vielfältigen Sendungen berieseln lassen.

So kurz nach zweiundzwanzig Uhr kehrte die Essensgesellschaft von ihrem Ausflug zurück. Erst einmal gucken, ob mit Oma und dem Hund alles in Ordnung ist. Im Haus war alles ruhig. Trotz Schlüsselgeklapper und Menschenstimmen erfolgte keine Hundebegrüßung. Das war schon merkwürdig.

Was ist mit Brauni, wo ist er nur? Im ersten Moment war er nicht zu sehen – also suchen. Ein lautes »Hierher«: Herr Meier hatte Brauni bewegungslos hinter einem Sessel liegend gefunden. Er hatte eine Chipstüte über dem Kopf und schien tot zu sein. Frau Meier, die dazusprang, kannte sich in Erste Hilfe – Maßnahmen, zumindest bei Menschen, ziemlich gut aus und erteilte sofort Anweisungen für die Rettung. Die Tüte war schon vom Kopf. Jetzt begann die Herzdruckmassage. Einige Stöße, dann die Kiefer auseinander, Zunge rausziehen, die Chips aus dem Rachen, wieder Druckmassage und einen Luftstoß in die Schnauze. Irgendwas zuckte ein wenig. Nicht aufgeben, weitermachen! Nach gefühlten zehn Minuten öffnete Brauni plötzlich die Augen und japste ein paar mal. Man stellte ihn auf die Pfoten, und siehe da, er lebte wieder. Dann ging's raus auf den Hof – Bewegung war angesagt, die Verrichtung der Bedürfnisse und bellen, bellen,

bellen. Jeder Böller, jede Rakete, die nun, obwohl es noch nicht Mitternacht war, schon öfter durch die Gegend flogen, wurden anständig beschimpft. Ja, Brauni hatte es geschafft, er war wieder mitten drin im Leben. Doch beinahe wäre ihm seine Verfressenheit zum Verhängnis geworden. Gut, dass Herrchen und Frauchen rechtzeitig zurückgekommen waren und so couragiert gehandelt haben – ihm sozusagen noch ein zweites, wenn auch kürzeres Hundeleben geschenkt haben. Am Ende wurde doch noch alles gut, und die Familie konnte nebst Großmutter frohgelaunt und guten Mutes auf das neue Jahr anstoßen.

Winterstille

Kein Lüftchen weht, kein Laut an diesem schönen Ort
der Welt;
es herrscht absolute Stille, als ob das Leben innehält.
Am hohen Himmel prangen Sterne,
es strahlt der volle Mond,
klare Luft hüllt ein die Erde,
der Moment uns jetzt belohnt.
Des Winters Kälte ließ erstarren, das Gras,
die Bäume und den See,
jede Kreatur wird träger, das Land ruht unter'm Schnee.
Was die Zeit befiehlt, das soll geschehen,
füge dich in deinem Tun,
bald vorbei ist's mit der Stille, bald vorbei das lange Ruhn.

Was bleibt?

Das Jahr verwelkt, dahin geht das Leben,
da kannst du ihm noch so viel Wasser geben.
Am Ende stehst du vor der Frage,
hast du die Zeit genutzt und die vielen Tage?
Haben sich einige Träume erfüllt,
wurde dein Lebenshunger gestillt?
Hast du in deinem Dasein was aufgebaut,
auf das der Mensch noch nach dir schaut?
Und wird man sich erinnern, noch in vielen Jahren,
und über die Zeiten wie sie mal waren?
Wird dann noch gelesen, was einst geschrieben,
ist später von dir noch was übrig geblieben?
Was die Zukunft bringt, das ist offen,
dass etwas bleibt, wir können's nur hoffen!